PRAXISHILFEN FÜR DEN KINDERGARTEN

Renate Lüber
unter Mitarbeit
von Hildegard Enderle
und Hedwig Friedmann-Spath

Stichwort »Planung«

7

Bei diesem Heft und bei künftigen Neuauflagen bisheriger Hefte ändern wir die Form der Beilage der 3 Planungsposter.
Um zu vermeiden, daß die Planungsposter beim Transport herausfallen, wurden die Hefte mit einer Folie eingeschweißt. Als Beitrag zum Umweltschutz verzichten wir künftig auf das Einschweißen. Damit die Poster aus den Heften bis zum Gebrauch auch jetzt nicht herausfallen, werden sie in der Heftmitte geklammert. Bitte lösen Sie die mittlere Klammer vorsichtig und nehmen Sie die Poster heraus.

Herder Freiburg · Basel · Wien

Anmerkungen
Eigene Ideen
Notizen

Die vier Jahreszeiten

Gespräche

Die vier Zeitabschnitte des Jahres, die Jahreszeiten, nämlich den Frühling, den Sommer, den Herbst und den Winter verdanken wir dem Umstand, daß die Rotationsachse der Erde nicht senkrecht, sondern schräg auf ihrer Bahn um die Sonne steht. Ein ganzes Jahr braucht die Erde für ihren Weg um die Sonne. Da ihre Achse immer in derselben schrägen Stellung bleibt, ergibt sich, daß einmal der obere Teil der Erdkugel und einmal der untere Teil mehr Sonne erhält. In der Hemisphäre, die der Sonne zugeneigt ist, haben wir Sommer, in der anderen Winter. Im Frühling und im Herbst scheint die Sonne auf alle Teile der Erde ungefähr gleich.

Information für den Erzieher.

- Frühling, die Zeit, in der neues Leben erwacht.

Am 21. März beginnt der Frühling. An diesem Tag braucht die Sonne vom Auf- bis zum Untergang etwa 12 Stunden. Tag und Nacht sind gleich lang. Die Tage wachsen zunehmend. Die Sonnenstrahlen treffen immer länger und steiler auf die Erde und bringen somit mehr Licht und Wärme.
Um eine Wiederholung zu vermeiden, siehe alles weitere über den Frühling beim Thema „Licht und Wärme im Frühling" (Seite 18 ff.)

Im Frühling feiern wir das Osterfest.

Im Kindergarten hat man noch den Freiraum, sich am Jahresablauf zu orientieren, die Jahreszeiten voll mitzuerleben.
So z. B. bei den ersten schönen Frühlingstagen spazierenzugehen; bei einem Platzregen ans Fenster zu laufen, um das Auftreffen der schweren Tropfen besser sehen zu können; bei einem Regenbogen hinauszulaufen, um seinen Halbkreis ganz zu sehen; beim ersten Schnee die Nase an die Fensterscheibe zu drücken . . .

- Sommer, die Zeit des Wachstums und des Reifens.

Am 21. Juni beginnt der Sommer. An diesem Tag ist es etwa 16 Stunden lang hell. Dies ist der längste Tag und die kürzeste Nacht. Mittags erreicht die Sonne den höchsten Stand im Jahr. Ihre Strahlen treffen lang und steil auf die Erde. Die Schatten sind so kurz wie sonst nie. Es ist Sommersonnwende. Von jetzt an werden die Tage wieder kürzer.
Die Tage sind heiß, vor allem mittags, wenn die Sonne hoch am Himmel steht. An diesen Tagen haben alle Durst, die Pflanzen, die Tiere und die Menschen. Jeder sucht auf seine Art Schutz vor der heißen Sonne und verschafft sich Kühlung.
Die Nächte sind lau, so daß man im Garten im Zelt schlafen kann. Es ist Urlaubszeit, die Schwimmbäder haben Hochbetrieb.
Die Wiesen sind voller Blumen und Gräser. Die Bäume stehen in vollem Grün. Bei der Heuernte kann man den Duft von frisch gemähtem Gras wahrnehmen.
In Tümpeln und Pfützen kann man jetzt Kaulquappen aufspüren; morgens oder abends Rehe mit ihren Kitzen beobachten; in lauen Nächten Grillen hören und Leuchtkäfer fliegen sehen.
Es gibt auch schwüle Tage, die große Unwetter mit sich bringen. Gewitter und manchmal sogar Hagel.
Manchmal gibt es lange Trockenheiten, in denen es zu Wassermangel für Pflanzen, Tiere und Menschen kommt. Pflanzen verdorren, Gärten müssen gegossen und Felder beregnet werden.
Zuviel Sonne schadet uns. Es kann zu Sonnenbrand, zu Sonnenstichen oder zu einer Sonnenallergie kommen. Ebenfalls kennt man Hautkrebs als Folge von zu intensiver Sonnenbestrahlung. Vor zuviel Sonne können wir uns mit Sonnencreme, einem Sonnenhut und entsprechender Kleidung schützen.
An heißen Sommertagen steigen oft die Ozonwerte in der Luft so hoch an, daß die Kinder nicht mehr im Freien spielen dürfen. Mitbedingt wird diese Situation auch durch die Urlaubszeit, in der vermehrt Autos unterwegs sind.

Im Sommer feiern wir aber auch unser Sommerfest.

Aktuelle Ozonwerte können bei der Gemeinde- bzw. Stadtverwaltung erfragt werden, ferner über den Videotext der Regionalsender.

Anmerkungen
Eigene Ideen
Notizen

- Herbst, die Zeit der Fülle und der Ernte.

Am 23. September beginnt der Herbst. An diesem Tag sind Tag und Nacht wieder gleich lang; die Tage werden jedoch kürzer. Immer schräger und weniger lang treffen die Sonnenstrahlen auf die Erde. Es wird kühler. Nun beginnt die sonnenarme und kalte Hälfte des Jahres.
Die Felder sind abgeerntet und morgens oft von einer Nebelschicht bedeckt. Obst und Kartoffeln werden geerntet.
Die Blätter der Bäume färben sich bunt. Der Herbstwind weht sie herab. Mit ihm lassen auch die Kinder ihre Drachen steigen.
Viele Pflanzen sterben ab. Der Wind verbreitet ihre Samen. Kastanien, Eicheln und Bucheckern kann man jetzt finden. Die Natur stellt sich auf die Winterruhe ein.
Was nicht in den wärmeren Süden fliegt, so wie viele Vögel- und Schmetterlingsarten, bereitet sich auf den Winterschlaf vor, so z. B. der Igel, der Hamster und der Siebenschläfer. Andere verfallen in eine Winterstarre, wie Frösche, Eidechsen und Schlangen, oder bekommen ein wärmeres Winterfell, so z. B. die Katze, der Fuchs und das Eichhörnchen...
Wenn das Jahr ertragreich war, sind genügend Vorräte für Mensch und Tier vorhanden, um gut über den Winter zu kommen. War das Jahr schlecht, so gab es auch in unseren Gegenden früher Hungersnöte.

Im Herbst feiern wir Erntedank und St. Martin.

- Winter, die Zeit der Ruhe, des sich Erholens.

Am 21. Dezember beginnt der Winter. Nun haben wir den kürzesten Tag und die längste Nacht. Die Schatten sind so lang wie sonst nie. Es ist Wintersonnwende. Von jetzt an werden die Tage wieder länger. Die Tage sind kalt, oft auch bitterkalt. Es gibt Rauhreif, Schnee, und Glatteis. Die Gewässer frieren zu.
Die Felder sind leer. Die Bäume stehen ohne Blätter da. Die Natur ruht sich aus.
Jeder, der jetzt unterwegs ist, muß sich vor der Kälte schützen. So plustern die Vögel z. B. ihr Gefieder auf. Andere Tiere wie beispielsweise der Fuchs und der Hase tragen einen Winterpelz. Bei geschlossener Schneedecke und Dauerfrost werden Vögel und Rotwild gefüttert. Je kälter es ist, um so mehr müssen sie fressen. Auch wir ziehen Stiefel, Handschuhe, Mütze, Schal, warme Hosen und Jacken an. Durch eine ausgewogene Ernährung mit viel Vitaminen können wir uns in dieser Jahreszeit vor Erkältungskrankheiten schützen. Die Wohnungen, die Häuser müssen jetzt geheizt werden.
Im Schnee läßt es sich schön spielen. Man kann einen Schneemann bauen, eine Schneeballschlacht veranstalten, im Schnee herumtoben oder Schlitten- und Skifahren. Hierfür brauchen wir jedoch richtige, wasserdichte Kleidung. Außerdem kann man auf geeigneten Eisflächen Schlittschuhlaufen.
Soviel Spaß der Winter auch mit sich bringt, so viele Gefahren birgt er auch in sich. Auf eisglatten Wegen kann man stürzen, und Autos können auf der glatten Fahrbahn ins Schleudern kommen. Durch falsche Kleidung können wir uns erkälten oder sogar Erfrierungen zuziehen.

Im Winter feiern wir Nikolaus, Advent, das Weihnachtsfest, Neujahr und Fastnacht.

Weiteres dazu siehe in Heft 2/Winter, Heft 4/Frühling, Heft 1 und 6/Herbst.

Anmerkungen
Eigene Ideen
Notizen

Ausgang

Naturbeobachtungen

Durch Naturbeobachtungen wollen wir die Natur, das Leben um uns bewußt wahrnehmen. Leben bedeutet Wandel. Wandel läßt sich beobachten – mitverfolgen.
Im Vordergrund werden Beobachtungen stehen, die wir auf unserem Kindergartengelände machen können.
Dies können beispielsweise sein:
Von den ersten frischen Grashalmen, den ersten Gänseblümchen, über den von Sommersonne verbrannten Rasen hin zum erneuten Grünwerden im Herbst, dem ersten Rauhreif bis zur geschlossenen Schneedecke im Winter.
Oder von der ersten Knospe, dem ersten Blatt (der ersten Blüte) über das satte Grün des Sommers (dem Heranreifen der Frucht) bis zum buntgefärbten, herabfallenden Blatt (der reifen Frucht – dem Samen).
Außerdem unternehmen wir zu jeder Jahreszeit Spaziergänge über Wiesen und Felder, durch Wälder und Parkanlagen, um an ihnen den Wandel im Verlauf eines Jahres zu beobachten.

„Unser Jahreszeitenbaum“

Wir suchen uns einen Baum auf unserem Kindergartengelände oder auf einer Wiese, einem Feld, im Wald, einer Parkanlage, den wir „unseren Baum“ nennen. „Unseren Baum“ besuchen wir im Laufe des Jahres immer wieder. An ihm verfolgen wir den Wandel der Jahreszeiten. Gut eignen sich z. B. ein Kastanien- oder ein Apfelbaum.

Musik hören

„Die vier Jahreszeiten“
von Antonio Vivaldi

Bilderbücher

„Kiwitan“
von Sita Jucker. Verlag bohem press

„Das Apfelmännchen“
von Janosch. Nord-Süd-Verlag

„Das Haus der vier Jahreszeiten“
von Roger Duvoisin. Verlag Herder

„Und oben schwimmt die Sonne davon“
von Dietlind Blech / Elisabeth Borchers. Ellermann Verlag

„Die Reise mit den Störchen“
von Pieter Kunstreich / Christine Adrian. Ravensburger

„Bei uns im Garten“
von Wolfgang de Haen. Ravensburger

„Erst taut der Schnee, dann wächst der Klee“
von Ina & Walter Etschmann. Patmos Verlag/Schwann

„Maja auf der Spur der Natur“
von Ulf Svendberg / Lena Anderson. Bertelsmann Verlag

„Kunterbuntes Jahr“
von Satomi Ichikawa / Gina Ruck-Pauquèt. Dr. Hans Peters Verlag

„Bei uns im Dorf“
von Ali Mitgutsch. Ravensburger

„Rundherum in meiner Stadt“
von Ali Mitgutsch. Ravensburger

„Die Sonnen-Uhr“
von Una Jacobs. Verlag Ellermann

„Die Grüne-Uhr“
von Irmgard Lucht / Christa Spangenberg. Verlag Ellermann

„Die Baum-Uhr“
von Irmgard Lucht. Verlag Ellermann

„Bilder vom Frühling“
„Bilder vom Sommer“
„Bilder vom Herbst“
„Bilder vom Winter“
Favorit Verlag

„Mein Jahr im Kindergarten“
Roman Friedrich / Elke Bräunling. Verlag Reinhold Hagendorn

Vorlesebücher

„Frühling, Sommer, Herbst und Winter“
von Fisher-Price. TIME LIFE Kinderbibliothek

Aus der Reihe: **„Mein erstes Vorlesebuch vom . . .“**
„Frühling“
„Sommer“
„Herbst“
„Winter“
von Jutta Radel / Cornelia von Seidlin. Ravensburger

Zu Ausgang:
Die Einstellung des Erziehers zur Natur prägt auch die Einstellung, die die Kinder zur Natur bekommen werden, mit.

Anmerkungen
Eigene Ideen
Notizen

Sachbücher

Sachbuchreihe: **„Ein Jahr in der Natur"**
„Frühling"
„Sommer"
„Herbst"
„Winter"
von Gunilla Lundgren / Lars Jacobson. Carlsen Verlag

Aus der Reihe: **„Die Welt entdecken"**
„Bäume im Jahreslauf"
von Goud Morel. Ravensburger

Aus der Reihe: **„Zu meiner Welt gehören"**
„Jahreszeiten"
Herold Verlag

„Linnéas Jahrbuch"
von Christine Björk / Lena Anderson. Bertelsmann Verlag

„Der Wind, das himmlische Kind"
von Wolfgang Löscher. Don Bosco Verlag

„Herders Großes Bilderlexikon"
Siehe unter: „Erde und Sonne"

Serie: „Die vier Jahreszeiten"
„Herbst"
„Winter"
„Frühling"
„Sommer" (April 92)
von Ruth Thomson/Peter Millard. Dr. Hans Peters Verlag

Aus der Reihe „Meyers kleine Kinderbibliothek"
„Das Wetter"
von Sophie Kniffke / Pascale de Bourgoing. Meyers Lexikon-Verlag

Bücher für den Erzieher

„Leben im Jahreskreis"
Frühling und Sommer im Kindergarten
Herbst und Winter im Kindergarten
von Wolfgang Longardt. Verlag Herder

Die Jahreszeiten erleben
Frühling im Kindergarten
Sommer im Kindergarten
Herbst im Kindergarten
Winter im Kindergarten
Ein ganzes Jahr und noch viel mehr
Bd. 1: Von September bis Februar
Bd. 2: Von März bis August
Igel, Frosch und Fledermaus
von Barbara Cratzius. Verlag Herder

„Feste und Bräuche"
von Sybil Gräfin Schönfeldt. Ravensburger

„Unsere Familie feiert das Jahr"
Ein Begleiter für Kinder und Eltern
von Roland Breitenbach / Joachim Schäd. Echter Verlag

„Naturspielzeug"
von Susanne Stöcklin-Meier. Ravensburger

„Komm wir verzaubern den Wald"
von Sabine Lohf. Ravensburger

„Kinder singen und gestalten"
Neue Lieder und Werkarbeiten im Jahreskreis
von Henriette Syndikus. Don Bosco Verlag

„Jana im sprechenden Wald"
Staunen und Fühlen, Lachen und Spielen mit Waldbewohnern
von Regina Klunder. Umwelterlebnisbuch. Ökotopia Verlag

„Itzibitz" die Liedermaus
Neue Kinderlieder mit Geschichten im Jahreskreis
von Volker Rosin. Don Bosco Verlag

„Balance – Balance"
Spiele mit Gleichgewicht und Wind
von Johannes Eucker. Union Verlag

„Die Jahreszeiten erleben"
beim Spielen und Basteln
Verlagsunion Pabel-Moewig

Geschichten

Jahreszeitengeschichte

Aus:
„Das Kindernest",
© Herder Wien, 1989

Es ist Winter. Da fragt die Oma den Toni: „Welche Jahreszeit hast du am liebsten? Den Frühling, den Sommer, den Herbst oder den Winter?"
Der Toni geht zum Fenster und schaut hinaus:

Der Winter, der ist leintuchweiß
und voller Schnee und voller Eis.
Ein Schneemann steht vor unserm Haus,
er heißt Karottennasen-Klaus.
Wir rodeln und wir fahren Schi –
und langweilig ist's nie!

Die Oma sagt zum Toni: „Du denkst aber lange nach! Was ist die schönste Zeit im Jahr?"
Da sagt der Toni: „Der Winter, Oma – ist doch klar!"

Es ist Frühling. Da fragt die Oma den Toni: „Welche Jahreszeit hast du am liebsten? Den Frühling, den Sommer, den Herbst oder den Winter?"
Der Toni geht zum Fenster und schaut hinaus:

Im Frühling schmilzt der Schnee davon.
Die ersten Blumen warten schon,
bevor sie aus der Erde kommen.
Die Eiszapfen sind fortgeschwommen.
Das Wasser gluckert. Aber wie!
Und langweilig ist's nie.

Die Oma sagt zum Toni: „Du denkst aber lange nach! Was ist die schönste Zeit im Jahr?“
Da sagt der Toni: „Der Frühling, Oma – ist doch klar!“

Es ist Sommer. Da fragt die Oma den Toni: „Welche Jahreszeit hast du am liebsten? Den Frühling, den Sommer, den Herbst oder den Winter?“
Der Toni geht zum Fenster und schaut hinaus:

Der Sommer, der ist sonnenheiß.
Wir schlecken Schokoladeeis.
Wir gehen baden, spielen Ball,
wir klettern auf den Hühnerstall.
Dann hab' ich oft zerkratzte Knie –
doch langweilig ist's nie!

Die Oma sagt zum Toni: „Du denkst aber lange nach! Was ist die schönste Zeit im Jahr?“
Da sagt der Toni: „Der Sommer, Oma – ist doch klar!“

Es ist Herbst. Da fragt die Oma den Toni: „Welche Jahreszeit hast du am liebsten? Den Frühling, den Sommer, den Herbst oder den Winter?“
Der Toni geht zum Fenster und schaut hinaus:

Der Herbst macht alle Blätter bunt
und steckt uns Nüsse in den Mund.
Kastanien plumpsen von den Bäumen.
Die Krähen sitzen da und träumen.
Ich bastel mir Kastanien-Vieh.
Nein, langweilig ist's nie!

Die Oma sagt zum Toni: „Du denkst aber lange nach! Was ist die schönste Zeit im Jahr?“
Da sagt der Toni: „Der Herbst ist's, Oma – das ist klar!“

Da sagt die Oma: „Im Frühling sagst du, der Frühling ist am schönsten. Im Sommer sagst du, der Sommer ist am schönsten. Im Herbst sagst du, der Herbst ist am schönsten. Und im Winter sagst du, der Winter ist am schönsten. Was ist jetzt wirklich die schönste Zeit?“
Der Toni lacht und sagt zu ihr: „Ich glaube, Oma – alle vier!“

Georg Bydlinski

Das Blatt und die Raupe

Das Leben des Blattes begann mit dem warmen Frühlingswind. Zuerst war die Knospe da, aber schon bald schlüpfte mit Hilfe der Sonnenstrahlen ein Blättchen aus. Ganz verknautscht erlebte das Neugeborene den ersten Tag. Die Kühle der nächsten Nacht brachte ihm die erste kleine Verzweiflung. Ehe diese aber überhandnehmen konnte, wärmte die Morgensonne wieder das durchgefrorene Etwas. An diesem Tag ging es ihm so gut, daß es sich streckte und reckte und gegen Mittag schon ein richtiges kleines Blatt geworden war.
Da erst entdeckte es, daß der ganze Baum mit solch kleinen grünen Blättern übersät war. Die Umgebung gefiel ihm. Es war zwar noch alles sehr neu für das kleine Blatt, aber zuversichtlich schaute es in die Zukunft.
So manche Überraschung wartete noch auf das Blatt: Plötzlich regnete es; dann kam ein Vogel, setzte sich auf einen Ast und zwitscherte, zwei ganze Stunden lang. Auch lernte es den Wind kennen. Sturm gefiel ihm nicht so sehr, ebenso mochte das Blatt keine Übertreibung. Regen, gut – aber Hagel tat weh. Hitze war schön – aber nicht eine austrocknende Dürre.
Im Juni war das Blatt schon voll ausgewachsen und dunkelgrün. An einem Vormittag – die Vögel hatten gerade aufgehört, den Morgen zu besingen – wurde das Blatt von irgend etwas an seinem Stiel gekitzelt. Wenn es sich

hätte kratzen können, bestimmt hätte das Blatt es jetzt getan. Es schielte an sich hinunter, und da sah es die Raupe. Sie balancierte auf seinem Stiel und sagte ein wenig müde: „Guten Tag.“

Anmerkungen
Eigene Ideen
Notizen

Aus:
„Die Hochzeit des Schornsteins“, Georg Bitter Verlag, Recklinghausen

Nach den üblichen Höflichkeiten unterhielten sie sich über das Wetter, insbesondere über den Sommer, bis das Blatt schließlich fragte:
„Was führt dich eigentlich her?"
Die Raupe zuckte ein wenig nervös auf und ab:
„Ja, eh, ich wollte, ich möchte ..." Dieser Satz schien kein Ende zu haben, und so begann die Raupe einen neuen:
„Ich habe eine große Bitte an dich. Du bekommst jeden Morgen von dem Baum deine Nahrung und brauchst dir dein Futter nicht zu suchen. Ich aber habe es gar nicht leicht, immer etwas Eßbares zu finden, und deshalb bin ich hier."
„Wenn ich dir helfen könnte, würde ich es sofort tun", antwortete das Blatt. „Doch ich weiß leider gar nicht, wie gerade ich dir helfen soll!"
„Du hast ein schönes grünes Kleid", sprach die Raupe.
Ja, das Blatt war sehr stolz auf sein dunkles, gleichmäßiges Grün.
„Wenn ich ein ganz kleines Stück von deinem Gewande essen dürfte?"
Das Blatt dachte im ersten Moment, es habe falsch verstanden. Doch als es die Raupe ansah, wußte es, daß es richtig gehört hatte. Lange dachte das Blatt nach. Die Raupe war eigentlich ganz nett. Aber ein Stück von dem schönen grünen Kleid ...? Es war nicht leicht für das Blatt, sich an diesen Gedanken zu gewöhnen, bis ihm etwas klar wurde: Sagte es nein, dann würde die Raupe wahrscheinlich trotzdem von seinem Kleid essen. Das Blatt könnte nichts dagegen tun. Sagte es aber ja, dann würde es der Raupe damit einen Gefallen tun, und es selbst hätte noch Freude an deren Dankbarkeit. Schließlich konnte man ja auch mit einem Loch im Kleid hübsch sein.
Das Blatt sagte ja, die Raupe wurde satt und blieb noch auf ein dankbares Schwätzchen.
Im Herbst konnte das Blatt mit dem Loch auf ein bewegtes, glückliches Leben zurückblicken. Mit herrlichen Farben empfing es sein Alter und fiel schaukelnd zur Erde.

Tilman Röhrig

Reime

Ri-ra-risch
im Winter ist es frisch,
im Frühling blühn die Blumen all,
im Sommer singt die Nachtigall,
im Herbst die Bäum' voll Früchte sind,
ja darauf freut sich jedes Kind.

Die schönste Zeit

Im Frühling ist die schönste Zeit,
so sagt Sebastian.
Da kann ich in den Garten gehn
und all die schönen Blumen sehn,
die Bienen, die dort summen,
die Käfer, die da brummen,
die Schmetterlinge bunt und schön.

Im Sommer ist die schönste Zeit,
darauf die Liese spricht.
Denn dann kann ich ins Schwimmbad gehn
und dort all meine Freunde sehn,
kann toben, tollen, fröhlich sein
und abends geh' ich müde heim.
So wird der Sommer für mich fein.

Im Herbst, da ist die schönste Zeit,
nun auch der Thomas spricht.
Da gibt es Farben, bunt und schön,
ihr könnt es an den Bäumen sehn,
und meinen Drachen laß' ich dann
steigen empor, so hoch er kann.
Oh ja im Herbst, da ist es schön.

Im Winter ist die schönste Zeit,
so ruft auch noch der Klaus.
Denn wenn es draußen friert und schneit,
dann ist für mich die schönste Zeit.
Da hol' ich meinen Schlitten raus,
zieh' erst einmal um unser Haus
und dann aufs freie Feld.
Wie schön ist doch die Welt!

Renate Lüber

Anmerkungen
Eigene Ideen
Notizen

Rätsel

Vier schöne Brüder kenn' ich wohl,
geschmückt so wunderbar;
sie kommen schon seit alter Zeit
zu uns in jedem Jahr.
Der erste bringt uns einen Strauß,
streut Blumen um sich her.
Den zweiten schmückt ein goldner Kranz
von Ähren voll und schwer.
Der dritte reicht uns Äpfel dar
und neuen, goldnen Wein.
Der vierte ist in Pelz gehüllt,
wie Schnee so weiß und rein.
Wer nennt die schönen Brüder mir,
geschmückt so wunderbar?
Sie kommen schon seit alter Zeit
zu uns in jedem Jahr. *G. Ch. Dieffenbach*
(Die vier Jahreszeiten)

*

Im Frühling erfreut dich
meiner Blüten Pracht.
Im Sommer mein Laubwerk
dir Schatten macht.
Im Herbst meine Früchte
dich nähren dann.
Im Winter mein Holz
dich noch wärmen kann.
Wer bin ich? *Renate Lüber*
(Baum)

*

Der Schnee wird weich,
es taut der Teich,
lang wird der Tag.
Wann ist das? Sag!
(Frühling)

Die Sonne glüht,
die Linde blüht,
das Korn wird voll.
Wann ist das wohl?
(Sommer)

*

Sie steht am Himmel rund und groß
jedoch am hellen Tage bloß.
Sie wärmt und strahlt mit ihrem Schein,
du hast sie gern, wer mag das sein?
(Sonne)

*

Auf den Bäumen sitz ich froh
und pfeif euch meine Lieder.
Im Herbst flieg ich ins warme Land,
im Frühling komm ich wieder.
(Schwalbe)

*

Das Feld ist leer
und regenschwer,
die Erde naß.
Sag, wann ist das?
(Herbst)

*

Die Felder weiß,
auf Flüssen Eis.
Es weht der Wind.
Wann ist das, Kind?
(Winter)

Fingerspiele

Wir bauen mit den Händen
ein Häuschen aus vier Wänden,
wir bauen auf das beste,
drin schläft das Kind im Neste.

Der Regen geht ums Haus geschwind,
doch kann er nicht herein zum Kind.
Versucht es hier, versucht es dort,
dann geht er eilig wieder fort.

Der Nebel schleicht ums Haus geschwind,
doch kann er nicht herein zum Kind.
Versucht es hier, versucht es dort,
dann zieht er traurig wieder fort.

Der Donner stampft ums Haus geschwind,
doch kann er nicht herein zum Kind.
Versucht es hier, versucht es dort,
dann stampft er zornig wieder fort.

Da kommt der liebe Sonnenschein,
ihn lassen wir zum Kind herein.
Er sendet ihm warme Strahlen zu,
hab Dank, du liebe Sonne, du.

Sonnenblume, Sonnenblume,
steht an unserm Gartenzaun.
Außen hat sie gold'ne Blätter,
innen ist sie braun.
Kommt ein Vöglein angeflogen,
ist gar hungrig sehr.
Sonnenblume, Sonnenblume,
schenk mir doch ein Körnlein her.
Sonnenblume gibt dem Vöglein
Körnlein ohne Zahl.
Danke, ruft es fröhlich, danke!
Es war ein gutes Mahl!

Lieder

Frühling, diese schöne Zeit

Text: Renate Lüber / Melodie Bernd Seitz

2. Sommer, diese schöne Zeit,
satte Farben weit und breit,
heiße Sonne, Sommerduft,
Gewitterwolken in der Luft.

3. Herbst nun, diese schöne Zeit,
alles ist zur Ernt' bereit,
reichen Segen, reiche Pracht,
hat uns nun das Jahr gebracht.

4. Winter, diese schöne Zeit,
alles trägt ein weißes Kleid,
alles ist erstarrt vom Frost
und der Wind bläst aus Nord-Ost.

Anmerkungen
Eigene Ideen
Notizen

Ich bin das ganze Jahr vergnügt

Text und Melodie: Gottfried Wolters

2. Und kommt die liebe Sommerszeit;
wie hoch ist da mein Herz erfreut,
wenn ich vor meinem Acker steh'
und soviel tausend Ähren seh'!

3. Rückt endlich Erntezeit heran,
dann muß die blanke Sense dran;
dann zieh' ich in das Feld hinaus
und schneid' und fahr' die Frucht nach Haus.

4. Im Herbst schau' ich die Bäume an,
seh' Äpfel, Birnen, Pflaumen dran.
Und sind sie reif, so schütt'l ich sie.
So lohnet Gott des Menschen Müh!

5. Und kommt die kalte Winterszeit,
dann ist mein Häuschen überschneit;
das ganze Feld ist kreideweiß
und auf der Wiese nichts als Eis.

6. So geht's jahraus, jahrein mit mir;
ich danke meinem Gott dafür
und habe immer frohen Mut
und denke: Gott macht alles gut.

Aus:
Gottfried Wolters,
„Das Singende Jahr",
Möseler Verlag,
Wolfenbüttel

Anmerkungen
Eigene Ideen
Notizen

Jahreszeitenlied

Text und Melodie: Lore Kleikamp / Detlev Jöcker

Aus:
Liedheft u. MC „Elefantis Liederwiese".

2. Ich bin der Sommer, voll Farbe und Licht.
Mit Sonne und Wärme spar' ich nicht.
Was vorher geblüht, das wächst und gedeiht.
Ganz langsam und stetig, es braucht seine Zeit.
Refrain: He, he Sommer! Wir freuen uns . . .

3. Ich bin der Herbst, ich bringe nun ein,
Gemüse und Früchte, Korn und Wein.
Verteilt ihr es gut in Land und in Stadt,
Dann muß keiner hungern, und jeder wird satt.
Refrain: He, he Herbst! Wir freuen uns . . .

4. Ich bin der Winter, bin grau und bin weiß.
Ich bringe die Kälte und das Eis.
Die Pflanzen und Tiere ruhen sich aus.
Die Kinder, sie jubeln, wenn Schnee liegt vorm Haus.
Refrain: He, he Winter! Wir freuen uns . . .

Anmerkungen
Eigene Ideen
Notizen

Lied vom Apfelbaum

Kindergarten Krailling

Aus:
RPP 1978/1
RPA Verlag,
Religionspäd.
Arbeitshilfen
GmbH,
Landshut

2. Im Frühjahr fängt er zu blühen an.
   Rosarot leuchten die Blüten dann.
   Die Blüten duften süß und fein.

   Refrain

3. Im Sommer, wenn es heiß und warm,
   hängt dann mein lieber Apfelbaum
   voll grüner Äpfel, fest und noch klein.

   Refrain

4. Und wird es Herbst, kommt Erntezeit,
   schüttle ich vom Baum voller Freud
   die großen Äpfel, saftig und fein.

   Refrain

5. Im Winter wird der Baum so kahl,
   aber wir Kinder freuen uns all
   an reifen Äpfeln – beißen hinein.
   Wir danken unserm Apfelbaum.

   Refrain

Runde – rote – reife – süße – zuckersüße Äpfel rufen:
hole uns doch herunter,
ach, vom Baum, da nimm uns ab.
In den Korb, da leg uns rein,
reif sind wir und saftig – fein.

Tanz

Sonnentanz

Text und Melodie: Franz Kett

Spielweise:

Die Kinder knien zusammengekauert auf dem Boden. In den Händen halten sie zusammengeknüllte rote bzw. gelbe oder orangefarbene Rhythmiktücher.

Die Kinder entfalten die Rhythmiktücher und erheben sich langsam.
Sie drehen sich mit ihren hocherhobenen Tüchern nach außen und symbolisieren das Sonnenrad.

Die Kinder schreiten mit den erhobenen Tüchern zum Takt der Musik (bzw. Trommel, Tamburin) im Kreis und singen obenstehendes Tanzlied.

Anmerkungen
Eigene Ideen
Notizen

Manuelles Gestalten

Jahreszeitenbaum

Wir malen einen großen Baum mit Fingerfarben auf unser Gruppenzimmerfenster oder schneiden ihn aus Karton und befestigen ihn an einer Wand im Gruppenraum.
Diesen Baum gestalten wir je nach Jahreszeit mit Knospen, Blüten, grünen Blättern, Früchten oder bunten Blättern aus. Im Winter sind seine Äste mit Schnee bedeckt.
Außerdem können wir ihn noch mit Tieren, die in und um ihn leben, ausschmücken. Im Frühling mit Vögeln, die ihr Nest in ihm bauen; mit Bienen, die auf seinen Blüten sitzen; mit Schmetterlingen, Käfern . . . Ferner mit Eichhörnchen; im Herbst mit Spatzen und im Winter mit Saatkrähen, die seine leeren Zweige wie Blätter bedecken.

Collagen

Wir fertigen vier Collagen an. Eine über den Frühling, eine über den Sommer, eine über den Herbst und eine über den Winter.

Malen

Wir malen Bilder mit Motiven aus den vier Jahreszeiten.
Hier kann man Kinder z. B. die Jahreszeit malen lassen, die ihnen am besten gefällt. Ebensogut kann es die Jahreszeit sein, in der sie Geburtstag haben. Auch Bilderbuchthemen können als Motiv dienen.

Spiele

Jahreszeiten-Zuordnungsspiel

Wir malen uns vier Bilder von den Jahreszeiten (z. B. Motiv Baum) und kleine Kärtchen mit typischen Bildern für die einzelnen Jahreszeiten.
- Für den Frühling: Schneeglöckchen, Schmetterling, Biene, Vogelnest, Osterhase, Osterei . . .
- Für den Sommer: Beeren, Sonnenhut, Eis, Schwimmbad . . .
- Für den Herbst: Bunte Blätter, Drachen, Äpfel, Trauben . . .
- Für den Winter: Schneemann, Schlitten, Mütze, Schal, Handschuhe . . .

So wird gespielt:

Die vier Jahreszeitenbilder werden auf den Tisch gelegt und die gemischten, mit dem Bild nach unten gestapelten Kärtchen, dazu. Die Kinder dürfen sich nun nacheinander Kärtchen ziehen, etwas zu ihrem Bild sagen und es dann der entsprechenden Jahreszeit zuordnen.

Würfelspiel

„4 Jahreszeiten"
von Andrea Markus. Ravensburger
Zu jeder Jahreszeit trägt der Baum ein anderes Kleid.

Rhythmik

Vom Wachsen

Wir spielen eine Pflanze im Laufe des Jahres:

Zu Frühlingsbeginn liegt sie noch in der Erde und schläft – wir liegen zusammengekauert auf dem Boden. – Sonnenstrahlen, die das Erdreich erwärmen, wecken sie auf – wir beginnen uns ganz vorsichtig zu regen. – Ganz vorsichtig streckt sie einen Trieb durch das Erdreich zum Licht – wir legen unsere Handflächen aneinander und führen sie langsam an unserem Gesicht vorbei über unseren Kopf. – Die Pflanze wird immer größer – wir stehen auf und strecken unsere Arme so hoch wir können. – In der Mittagssonne öffnet die Blume ihre Blüte – die aneinandergelegten Hände werden auseinandergenommen und mit den Armen zu einem Kelch geöffnet. – So verbringt die Pflanze den Sommer. Morgens öffnet sie ihre Blüte – die Arme werden weit auseinandergenommen – und abends schließt sie ihre Blüte – die Handflächen werden wieder aneinandergelegt. – An sehr heißen Tagen läßt die Pflanze ihre Blätter hängen – wir lassen unsere Arme locker nach unten hängen. – Manchmal wird sie auch vom Wind hin- und hergeschüttelt – unser ganzer Körper schwingt. – Im Herbst bläst der Wind all ihre Samen in die Welt hinaus – wir blasen kräftig, und unsere zappelnden Finger sind die Samen, die von uns wegfliegen. – Die Pflanze welkt – wir lassen alles hängen, den Kopf, die Arme. – Sie wird immer kleiner. Sie zieht sich in die Erde zurück – wir sinken zusammen und legen uns wieder zusammengekauert auf den Boden.

Diese Geschichte kann beliebig weiter ausgebaut werden.

Rhythmik mit Chiffontüchern

Wir spielen Schmetterlinge:

- Auf Zurufen, Anblinzeln o. ä. darf sich jedes Kind einen Platz im Raum suchen und sich auf den Boden setzen.
- Die Kinder (nur die älteren) schließen die Augen, und jedes Kind bekommt ein Chiffontuch in die Hand.
- Die Kinder dürfen fühlen, was sie in der Hand haben, raten, was es ist, und beschreiben, wie es sich anfühlt.
- Sie experimentieren mit dem Tuch, z. B. in die Luft werfen, flattern lassen.

Nach dem Vertrautwerden mit dem Tuch dürfen einige Kinder Schmetterlinge, einige Blumen und ein Kind mit gelbem Tuch die Sonne spielen.

Die Erzieherin erzählt eine Geschichte (begleitet sie evtl. mit Xylophon oder Metallophon), die Kinder dürfen dazu spielen.
(Es ist Nacht und alle Schmetterlinge schlafen.)

Früh an einem Morgen im Sommer geht die Sonne langsam auf, die ersten Vögel zwitschern, und die Blumen öffnen ihre Blütenblätter. Die Sonne steigt höher und scheint immer wärmer, und ganz allmählich werden auch die ersten Schmetterlinge wach. Sie öffnen ihre Flügel. Zuerst fliegen sie ganz langsam, dann fliegen sie schneller. Danach fliegen sie wieder langsam und fliegen zu den Blumen. Dort suchen sie sich Nektar.
Die Sonne scheint immer wärmer, und vom vielen Nektar-Suchen sind die Schmetterlinge müde geworden. Sie suchen sich einen Platz und ruhen sich aus.
Der Wind weht, und die Blumen wiegen sich im Wind. Nun wollen die Schmetterlinge tanzen; dazu sucht sich jeder einen Freund (evtl. zu dem Lied: „Schmetterling, du kleines Ding"). Vom Tanzen werden die Schmetterlinge hungrig, und sie fliegen wieder zu den Blumen.
Nun ist es Abend geworden, die Sonne geht bald unter, und die Schmetterlinge suchen sich einen Platz zum Schlafen, schließen ihre Flügel und schlafen ein.

Religiöse Erziehung

Bilderbücher

„Der Regenbogen"
„Arche Noah"
aus der Reihe: Was uns die Bibel erzählt, Württ. Bibelanstalt.

„Der Riese Gaspar"
von Allison Reed / Kurt Baumann. Verlag bohem press

Märchen

Der selbstsüchtige Riese

Märchen von Oscar Wilde

Vorübungen:

1. Mit der Pauke oder Trommel dumpfe, harte Töne spielen.
   Welche Erinnerungen werden wach?
   Wie klingt es?
2. Mit den Händen, mit dem Körper diese Töne ausdrücken, z. B. hart und fest wie Stein sein, versteinert sein,
   niedergedrückt werden.
3. Die Kinder werden angeregt, eine Mauer zu spielen.
4. Die Mauer wird abgebrochen.
   (Die Kinder fallen nacheinander ab, sinken zusammen.)
5. Eutonische Übung: „Schneedecke spielen".
   Zu Frost – Eis erstarren.
   Mit den Händen spielen:
   ein See friert zu,
   Bäume erstarren;
   Kälte und Frost mit Instrumenten ausdrücken lassen.
6. Aus der Erstarrung wieder in Bewegung – ins Leben kommen
   Sonnenstrahlen – Wärme – Auftauen spielen.
7. Sich-Öffnen und Erblühen von Knospen, Blumen mit den Händen spielen; nach einem feinen Ton erwachen.
8. Eine kleine Feder oder eine Blume auf der Handfläche im Kreis herumtragen und weitergeben.

Anmerkungen
Eigene Ideen
Notizen

Aus:
RPP 1978/4
RPA-Verlag,
Religionspäd.
Arbeitshilfen
GmbH, Landshut

Der Erzähltext

nacherzählt und gekürzt: Franz Kett

Da war ein großer, lieblicher Garten mit weichem grünen Rasen, mit Blumen, so schön wie die leuchtenden Sterne; mit Pfirsichbäumen, die im Frühling rosa und weiß blühten und im Herbst süße Frucht trugen. Vögel sangen in den Bäumen. Die Kinder aber gingen jeden Nachmittag in den Garten, um dort zu spielen, und sie riefen sich einander voll Freude zu: „Wie schön ist es hier! Wie sind wir glücklich!"
Nun gehörte der Garten einem Riesen. Sieben Jahre lang war er fort gewesen bei seinem Freund, einem anderen Riesen. Nun hatten sie einander alles gesagt, was sie sich zu sagen hatten, und unser Riese kehrte zurück zu seiner Burg, zu seinem Garten.

Doch was sah er da in seinem Garten? Da spielten Kinder. Der Riese wurde sehr zornig. „Was tut ihr hier?" rief er. „Mein Garten ist mein Garten. Ich erlaube niemandem, darinnen zu spielen außer mir selbst." Und der Riese baute eine Mauer rings um den Garten und stellte ein Schild davor: Betreten bei Strafe verboten! Er dachte eben nur an sich selbst, der Riese. Er war ein sehr selbstsüchtiger Riese.
Die armen Kinder aber hatten keinen Platz mehr, wo sie spielen konnten. Die Straße war staubig. Sie war auch voll harter Steine. Kamen die Kinder aber an der hohen Mauer vorbei, die den Garten jetzt umschloß, sprachen sie traurig zueinander: „Wie glücklich waren wir dort gewesen."

Nun kam der Frühling. Überall im Lande blühte es. Die Vögel sangen. Im Garten des selbstsüchtigen Riesen aber blieb es kalt, blieb es Winter. Es sangen keine Vögel mehr. Die Bäume vergaßen zu blühen. Es waren ja keine Kinder mehr hier. Einmal steckte eine Blume ihren Kopf aus dem Rasen. Als sie aber das Schild sah – Betreten bei Strafe verboten! – schlüpfte sie sofort wieder unter die Erde zurück und schlief wieder.
Die einzigen, die sich freuten, waren Eis und Schnee. „Der Frühling hat diesen Garten vergessen", sagten sie. „So laßt uns das ganze Jahr hier bleiben." Und der Schnee bedeckte den Rasen mit seinem großen weißen Mantel. Der Nordwind brauste den ganzen Tag durch den Garten. „Das ist ja ein wunderbarer Platz", sagte er. „Wir müssen auch noch den Hagel einladen." Und der Hagel prasselte drei Tage lang auf das Dach der Burg, so daß viele Dachziegel zerbrachen.
„Ich versteh' nicht, warum der Frühling so lange ausbleibt", sagte der Riese, als er zum Fenster hinaussah und seinen kalten, weißen Garten sah. „Ich hoffe, das Wetter ändert sich bald."
Aber es kam kein Frühling und auch kein Sommer. Der Herbst schenkte dem Garten des Riesen keine Frucht. „Er ist zu selbstsüchtig", sagte der Herbst. Und so blieb es ewig Winter, und Nordwind und Hagel und Frost und Schnee tanzten zwischen den Bäumen umher.
Eines Morgens lag der Riese im Bett. Da hörte er liebliche Musik. Ein kleiner Vogel saß vor seinem Fenster. Es war lange her, daß der Riese einen Vogel in seinem Garten hatte singen hören.
Ein köstlicher Duft zog durch das offene Fenster herein. „Ich glaube, der Frühling ist gekommen", sagte der Riese und sah hinaus. – Und was sah er?
Durch ein kleines Loch der Mauer waren Kinder in den Garten gekommen. Sie saßen in den Zweigen der Bäume. Die Bäume aber waren froh, die Kinder wieder zu haben und ließen in ihrer Freude ihre grünen Blätter und rosa-weißen Blüten ausschlagen. Die Vögel aber flogen umher und zwitscherten. Die Blumen schauten aus dem grünen Gras und lachten. War das ein schönes Bild!
Nur in einer Ecke des Gartens war es noch Winter. Da stand nämlich ein kleiner Junge. Er war so klein, daß er die Äste des Baumes nicht erreichen konnte. So ging er bitterlich weinend um ihn herum. Der arme Baum

Anmerkungen
Eigene Ideen
Notizen

aber war noch immer von Reif und Schnee bedeckt, und der Nordwind blies und tobte über ihm.
Das Herz des Riesen aber schmolz, als er dies sah. „Ich weiß, warum der Frühling nicht zu mir kommen wollte", sagte er. „Wie selbstsüchtig bin ich gewesen. Ich will dem Jungen helfen und ihn auf den Baum setzen. Die Mauer aber will ich niederreißen, und mein Garten soll für immer ein Spielplatz für die Kinder sein."
So schlich der Riese die Treppe hinunter. Leise öffnete er die Tür und ging hinaus in den Garten. Als die Kinder ihn sahen, erschraken sie und liefen davon. Im Garten aber wurde es wieder Winter. Nur der kleine Junge lief nicht fort. Seine Augen waren so voller Tränen, daß sie den Riesen nicht sehen konnten. Der Riese aber nahm den Jungen behutsam in die Hand und setzte ihn auf den Baum.

Und der Baum begann sofort zu blühen, und die Vögel kamen und sangen. Der kleine Junge aber streckte beide Arme aus, umarmte den Riesen und küßte ihn.
Als die anderen Kinder sahen, daß der Riese nicht mehr böse war, kamen sie mit Freude zurückgelaufen, und mit ihnen kam der Frühling. „Von nun an soll der Garten euch gehören", sagte der Riese, und er nahm eine große Axt und riß die Mauer wieder um.
So kamen die Kinder jeden Tag in des Riesen Garten. Sie spielten, tanzten und scherzten. Der Riese aber spielte mit den Kindern. Sie waren voller Freude, und im Garten grünte, blühte und duftete es. Ja, der Riese war sehr freundlich zu den Kindern. Aber etwas verdunkelte seine Freude. Der kleine Junge, der dem Riesen einen Kuß gegeben hatte und den der Riese so sehr liebte, er kam niemals wieder.
„Wo ist euer Kamerad, der kleine Junge, den ich auf den Baum gesetzt habe?" fragte der Riese die Kinder. Sie aber antworteten: „Wir wissen es nicht, er ist fortgegangen." Wie gern würde ich ihn wieder sehen, dachte immer wieder der Riese.
Die Jahre vergingen. Der Riese wurde alt und schwach. Er konnte mit den Kindern nicht mehr spielen. Er saß in seinem riesigen Lehnstuhl und sah den Kindern zu, wie sie sich freuten. „Ich habe viele schöne Blumen im Garten", sagte er, „aber die schönsten sind die Kinder."
Es war wieder Winter geworden. Der Riese haßte den Winter nicht mehr; denn er wußte ja, daß dieser nur der schlafende Frühling war. Der Riese sah aus dem Fenster in den Wintermorgen hinaus. Plötzlich rieb er sich verwundert die Augen. Da stand in der Ecke des Gartens ein Baum über und über mit lieblichen weißen Blüten bedeckt. Seine Zweige glänzten. Goldene und silberne Früchte hingen daran. Darunter stand ein junger Mann.
Voll Freude eilte der Riese hinaus in den Garten. Er lief über den Rasen hin zu dem jungen Mann. Aber was sah er da? Auf den Handflächen des jungen Mannes waren die Wunden zweier Nägel. Die Wunden zweier Nägel waren auch auf den Füßen.
„Wer hat dir etwas getan?" rief der Riese empört. „Sage es mir, damit ich ein großes Schwert nehme und ihn erschlagen kann."
„Laß das Schwert sein", antwortete der junge Mann, „denn dies sind die Wundmale der Liebe."
„Wer bist du?" fragte der Riese, und Ehrfurcht ergriff ihn, und er kniete vor dem Mann nieder. Und dieser lächelte den Riesen an und sagte zu ihm: „Du ließest mich einst in deinem Garten spielen; heute sollst du mit mir in meinen Garten kommen, welcher das Paradies ist."
Und als die Kinder an diesem Tag in den Garten kamen, fanden sie den Riesen tot unter dem Baum, über und über bedeckt mit weißen Blüten.

Der Text wurde hier leicht verändert.

Weiteres zu diesem Thema siehe in Heft 4, Seite 29, 47 und 48.

Anmerkungen
Eigene Ideen
Notizen

Licht und Wärme im Frühling

Gespräche

Zur Einstimmung für den Erzieher

Wir sehen die Sonne als kleine runde Scheibe am Himmel. In Wirklichkeit ist sie jedoch ein gewaltiger Feuerball, der seine glühenden Strahlen nach allen Seiten schleudert. Einige dieser Strahlen treffen auf unsere Erde und ermöglichen durch ihr Licht und ihre Wärme, daß Pflanzen, Tiere und Menschen auf ihr leben können.

- Die Sonne empfinden nicht nur Kinder als etwas Besonderes. Auch viele Erwachsene haben sich die Faszination für diesen lebensspendenden Feuerball erhalten: Wenn sie z. B. morgens hinter einer Bergkette oder aus dem Meer auftaucht; ihr kräftiges Licht nach einem Gewitter erstrahlt, wenn sie hinter den dunklen Wolken hervorkommt und einen Regenbogen am Himmel zaubert; den rosaroten Himmel, der sich abends auf Wasserflächen spiegelt, bevor sie als große rote Scheibe hinter Häusern, Bergen oder im Meer versinkt.
- Wenn die Sonne im Frühling wieder höher am Himmel steht, schmelzen ihre, nun auch wieder steiler auf die Erde treffenden warmen Strahlen den Schnee. Sie tauen den Boden auf; die Erde erwärmt sich.
  Alle Pflanzen, die den Winter über in der Erde geruht haben, erwachen wieder zu neuem Leben. Samen brechen auf, Zwiebeln und Knollen beginnen zu treiben. Der Saft von Büschen und Bäumen, der sich den Winter über in den Stamm und das Wurzelwerk zurückgezogen hat, steigt wieder in die Äste empor, und sie beginnen mit dem Treiben ihrer Knospen. Alles wächst dem Licht entgegen. Der ewige, immer wiederkehrende Kreislauf beginnt von neuem.
- Mit den Blüten kommen auch die ersten Bienen und Schmetterlinge wieder. Die Zugvögel kehren aus dem Süden zurück und beginnen mit ihrem Nestbau. Auch Schafe und Hasen haben jetzt ihre Jungen. Man spricht von Osterschäfchen und Märzhasen.
  Viele Tiere, wie beispielsweise die Murmeltiere, Siebenschläfer, Igel ... erwachen aus dem Winterschlaf. Andere, wie die Frösche, die Eidechsen, die Schlangen ... erwachen aus ihrer Winterstarre. Insekten, die unter Baumrinden und in anderen Ritzen den Winter verbracht haben, kriechen hervor.
- Die Sonne mit ihrem Licht und ihrer Wärme zieht auch die Menschen auf die Straßen, in die Parkanlagen, aufs freie Feld und in die Gärten.
  In den Gärten wird gesät, gesteckt und gepflanzt. Um die Häuser herum, in Rabatten, Terrassenkübeln und Balkonkästen werden die ersten Blumen gepflanzt.
- Die Felder werden neu bestellt.
- Die dicken, schweren Winterkleider werden abgelegt.
- Man kann draußen wieder häufiger und länger spielen. Die Rollschuhe, die Drei- und Fahrräder, die Bälle und Springseile werden wieder hervorgeholt.
- Vielerorts werden Frühlingsfeste gefeiert.
  Auch unsere Vorfahren, die Germanen, feierten Mitte März ein Frühlingsfest zum Ausdruck ihrer Freude über die wiedererwachende Natur. Das Feuer, das dabei als Höhepunkt des Festes zu Ehren der Licht- und Frühlingsgöttin Ostara entzündet wurde, galt als Sinnbild des Lichts.
- So ersehnt und schön die Zeit der wiedererwachenden Natur auch ist, so bringt sie doch für viele Menschen Probleme mit sich. Und zwar für jene, die auf die nun so reichlich vorhandenen Pollen, die der Wind überall hin mitträgt, allergisch reagieren.
- Eine Gefahr für die spätere Obsternte sind Frosteinbrüche, die auftreten, wenn die Bäume in voller Blüte stehen.

Über die Gefahren zu großer Sonnenbestrahlung siehe „Die Jahreszeiten“ Seite 2.
Weiteres zum Thema in Heft 4, Seite 15: „Komm doch, lieber Frühling.“

Anmerkungen
Eigene Ideen
Notizen

Ausgang

Wir unternehmen Frühlingsspaziergänge, bei denen wir die ersten neuen Triebe, die ersten Blüten suchen und betrachten. Unterwegs stellen wir uns in den Schatten und danach in die Sonne. So können wir spüren, wie uns die Sonne wärmt.

Wir machen einen Besuch:

- im Botanischen Garten
- in einer Gärtnerei
- auf dem Wochenmarkt

Einkaufen

Den Besuch in der Gärtnerei oder auf dem Wochenmarkt verbinden wir mit dem Einkauf von Setzlingen (Salat, Kohlrabi, Tomaten . . .), die wir in einem Gartenbeet oder in Kübeln und Kisten pflanzen, pflegen und bis zur Ernte beobachten.

Wachsen beobachten

„Unser Gemüsegarten"

Auch wenn man im Kindergarten keinen Gemüsegarten zur Verfügung hat, muß man auf das Aussäen, Stecken und Pflanzen mit den Kindern zusammen nicht verzichten.
Kräuter und Radieschen lassen sich auch in Blumentöpfen und -kästen aussäen.
Kartoffeln und Zwiebeln lassen sich in große Kübel oder in große Obstkisten stecken, die mit Folie ausgeschlagen und mit Erde gefüllt sind. In diese kann man auch Salat, Erbsen, Tomaten . . . pflanzen.
Ebenso kann man auf diese Art Getreide aussäen, mit dem man im Herbst den Erntedankkorb schmückt.
Ferner Blumen, z. B. Tagetes oder Strohblumen.

Gras aussäen

Wir säen Grassamen in flachen Tonschalen aus und stellen sie an einen Fensterplatz, an dem sie genügend Sonne (Licht und Wärme) bekommen. Der Boden muß immer feucht gehalten werden, damit die Samen aufquellen und aufbrechen können.
Wenn man sie als Osterschalen haben möchte, muß man den Grassamen rechtzeitig aussäen (drei Wochen vor Ostern) und das Gras später regelmäßig schneiden, damit es schön dicht wird.

Da Grassamen eine relativ lange Keimdauer haben, müssen wir warten können – wir brauchen Geduld. Mit Hilfe eines Wassersprühers lassen sich die Samen am besten feuchthalten (nicht zuviel Wasser).

Bilderbücher/Sachbücher

„Wie die Sonne in das Land Malon kam"
von Christine Mühlberger / Regina Schmidt und Gabriele Frison. RPA Verlag

„Im Traum kann ich fliegen"
von Käthi Bhend / Eveline Hasler. Ravensburger

„Wo der Gurkenkönig wächst"
von Sabine Lohf / Sibylle Sailer. Ravensburger

„Die schnellste Bohne der Welt"
von Christine Björk / Lena Anderson. Bertelsmann

„Majas blühendes Notizbuch"
von Lena Anderson. Bertelsmann

„Die Wiesen-Uhr"
von Irmgard Lucht. Ellermann Verlag

„Die Garten-Uhr"
von Dietlind Blech / Christa Spangenberg. Ellermann Verlag

Weitere Bilder- und Vorlesebücher siehe Heft 4, Seite 16 und 17.

Anmerkungen
Eigene Ideen
Notizen

„Unser Gartenjahr“
von Jane Johnson. Dr. Hans Peters Verlag

„Gärtnern macht den Kindern Spaß“
von Ursula Kringer. Falken Verlag

„Mein großes Gartenbuch“
von Claudia und Reinhold Fischer. Ravensburger

„ABC für kleine Gärtner“
von Christa Spangenberg. Ellermann Verlag
(Tips und Tricks durchs Balkon und Gartenjahr)

„Gartenbuch für Kinder“
von Diana Simmons. Ravensburger

„Der kleine Gärtner“
Bernadette/Scheidel. Bertelsmann

„Wie kleine Tiere groß werden“
von Wolfgang de Haen. Ravensburger

Bücher für den Erzieher

„Hier wächst was!“
Tolle Tips für kleine Gärtner
von Ulrike und Wolfgang Metzger. Ravensburger

„Kleines Gärtnerbuch für Kinder“
von Madeleine Puiboube. Ravensburger

„Der Ökogarten für Kinder“
Natur verstehen auf kleinstem Raum
von Ina Jung. Econ Taschenbuch Verlag

„Mein erstes Gartenbuch“
von Neef/Nicolesen. Südwest Verlag

„Frühling“
Mit Kindern Umwelt und Natur entdecken
von Karin Mönkemeyer. Rowohlt Taschenbuch Verlag

Geschichte

März – Weinbergschnecke

Jan hat zusammen mit dem Vater ein kleines Häuschen aus Pappe gebastelt, dazu aus Knetwachs die Bewohner samt Haustieren geformt, und nun fehlen ihm noch Moos und kleine Kieselsteine für den Garten des Häuschens.
Als er am Nachmittag mit dem Vater spazierengeht, nimmt er eine Tüte mit, um unterwegs das Nötige zu sammeln.
Daheim breitet er alles auf dem Tisch aus und sieht auch ein Schneckenhaus unter den Schätzen.
„Das gehört ja auch in meinen Garten“, freut sich Jan.
Als er das Schneckenhaus genauer anschaut, ruft er plötzlich: „Aber da ist ja ein Deckel drauf!“
Der Vater sieht ebenfalls genau hin: „Tatsächlich. Du hast ein Schneckenhaus gefunden, in dem eine Schnecke noch ihren Winterschlaf hält.“
Jan wundert sich: „Aber ich seh ja gar keine Schnecke.“
„Weil die ganz und gar drinnen in ihrem Häuschen steckt“, sagt der Vater.
„Als der Winter kam, ist sie reingekrochen und hat die Tür hinter sich zugemacht, damit es drinnen schön warm bleibt. Siehst du, sie hat vor die Öffnung ihres Schneckenhauses ein feines Häutchen gespannt und mit Kalk richtig festgemacht. Innen hat sie dann noch einige Häutchen gespannt; da kann dann keine kalte Luft mehr durch. Hier drinnen hat es die Schnecke warm und gemütlich und wartet ab, bis es draußen wieder Frühling wird. Erst dann öffnet sie ihr Häuschen und kriecht umher. Wenn es ihr im Sommer allerdings zu heiß und zu trocken wird, verzieht sie sich wieder in ihr Haus und schließt es mit einem dünnen Häutchen ab.“
„Meistens sehen wir aber Schnecken ohne Häuser“, stellt Jan fest.
„Ja“, sagt der Vater und seufzt, „Nacktschnecken gibt es für meinen Geschmack zu viele“, und er denkt an sein Gemüsebeet, das jedes Jahr von den Schnecken an einigen Stellen fast kahl gefressen wird.
„Aber diese Schnecken mit dem Häuschen, sie heißen Weinbergschnecken, muß man

Aus:
Maria Kost,
„Vor unserem Fenster“,
Verlag Herder

schützen. Es gibt viele Leute, die sie kochen und essen. Denn sie schmecken nicht schlecht. Aber darum sind die Weinbergschnecken auch immer weniger geworden."
„Meine Schnecke esse ich aber nicht", sagt Jan, „die leg ich in meinen kleinen Garten und schau jeden Tag nach, ob sie ihr Türchen schon geöffnet hat und herauskommt. Hoffentlich fühlt sie sich dann nicht einsam, so allein."
Doch der Vater meint: „Am besten bringst du sie wieder an den Waldrand zurück, dort findet sie sicher andere Schnecken. Sie wird dort auch bald ein Loch in die Erde graben und viele kleine Eier reinlegen, aus denen dann ihre Kinder ausschlüpfen."
Jan will wissen, wie Schneckeneier aussehen.
„Sie haben eine dünne Kalkschale, fast ein bißchen wie Hühnereier. Aber sie sind viel kleiner, ungefähr so groß wie Erbsen."
Jan ist einverstanden, daß sie die Schnecke wieder an ihren Platz zurückbringen.
„Aber wir müssen jeden Tag gucken, ob sie schon aus ihrem Haus herausgekommen ist", sagt er.

Märchen

Das Schneeglöckchen

Es war Winterzeit. Die Luft war kalt und der Wind scharf; aber zu Hause war es warm und gemütlich.
Draußen unter dem Schnee und der Erde lag eine Blumenzwiebel. Ganz innen in dieser Blumenzwiebel schlummerte eine winzig kleine Blume. Es war dunkel unter dem Schnee und der Erde. Eines Tages fiel Regen. Die Tropfen drangen durch die Schneedecke hinab in die Erde, sie berührten die Blumenzwiebel und erzählten ihr von der Welt da oben und vom Licht.
Bald darauf drang der Sonnenstrahl ganz fein und bohrend durch den Schnee hinab zu der Zwiebel und berührte sie. „Komm herein!" sagte die Blume.
„Das kann ich nicht!" sagte der Sonnenstrahl; „ich bin noch nicht stark genug, um die Erde aufzuschließen. Erst zum Frühling werde ich stärker." „Wann ist es Frühling?" fragte die Blume, und sie wiederholte diese Frage, sooft ein neuer Sonnenstrahl zu ihr hinabdrang. Aber es währte noch lange bis zur Frühlingszeit; noch lag der Schnee, und das Wasser fror zu Eis in jeder Nacht. „Wie lange das dauert! Wie lange das dauert!" sagte die Blume.
„Ich fühle ein Kribbeln und Krabbeln; ich muß mich recken, ich muß mich strecken! Ich muß aufschließen; ich muß hinaus und dem Frühling einen Guten Morgen zunicken! Es wird höchste Zeit! Ich will die Welt da oben sehen und das Licht!"
Und die Blume reckte und streckte sich drinnen gegen die dünne Schale, die das Wasser von außen weich gemacht und die der Sonnenstrahl erwärmt hatte. Bald sproß sie unter dem Schnee hervor mit weißgrüner Knospe auf grünem Stengel und mit schmalen, dicken Blättern, die sie gleich einem Mantel umgaben. Der Schnee war kalt, aber die Sonne hatte ihn erwärmt, und so konnte die Blume ihn durchbrechen.
Und nun kam auch der Sonnenstrahl mit stärkerer Macht als bisher. „Willkommen! Willkommen!" sang und klang jeder Strahl, und die Blume erhob sich aus der dunklen Erde über den Schnee hinaus in die Welt des Lichtes.
Aber es war noch weit bis zur Frühlingszeit. Wolken verhüllten die Sonne, und scharfe Winde brausten über das arme Schneeglöckchen hinweg. „Du brichst ab!" sagten sie zu ihm. „Du verwelkst! Du erfrierst! Was wolltest du auch schon draußen? Weshalb hast du dich hervorlocken lassen? Warum hast du nicht gewartet, bis der Schnee geschmolzen ist und es wärmer ist? Der Sonnenstrahl hat dich nur genarrt! Das hast du nun davon, du Frühlingsnarr!"
„Frühlingsnarr! Frühlingsnarr!" hallte es an dem kalten Morgen in einem fort. Und schon glaubte das arme Blümchen erfrieren zu müssen. Aber gegen Mittag kamen Kinder in den Garten. „Oh, ein Schneeglöckchen", jubelten sie, „da steht eins, so schön, so reizend, das erste, das einzige!"
Und diese Worte taten der Blume so wohl; das waren Worte wie warme Sonnenstrahlen. Das Schneeglöckchen war sehr glücklich.
In der nächsten Nacht träumte es von den Kindern, und es war ihm gar nicht kalt. Am anderen Morgen kam glücklicherweise wieder die Sonne hervor und wärmte es.
Jeden Tag wurde die Sonne nun etwas wärmer, der Schnee wurde weniger, ganz langsam wuchsen auch andere Schneeglöckchen, und bald kam der Frühling.

Hans Chr. Andersen, abgeändert von Hedwig Friedmann-Spath

Anmerkungen
Eigene Ideen
Notizen

Reime

Der Frühling kommt bald

Herr Winter, geh hinter,
der Frühling kommt bald!
Das Eis ist geschwommen,
die Blümlein sind kommen,
und grün wird der Wald.

Herr Winter, geh hinter,
dein Reich ist vorbei.
Die Vögelein alle
mit jubelndem Schalle
verkünden den Mai. *Christian Morgenstern*

*

Der letzte Schnee ist grau geworden,
im Garten blüht der Haselstrauch.
Die Vögel ziehen schon nach Norden,
und über Wiesen liegt ein Hauch
von ersten frischen Frühlingstagen.
Kahl und einsam steht der Wald,
doch aus den jungen Knospen wagen
die grünen Blätter sich sehr bald
hinaus ans Licht, an Luft an Sonne.
Eichhörnchen putzen sich das Fell,
die Vögel singen voller Wonne.
Die Welt ist wieder warm und hell.

Maienlied

Sonnenschein und Blütenduft,
das ist ein Vergnügen!
Wenn in blauer Maienluft
hoch die Lerchen fliegen;
wenn des Baches Wellen sich
durch die Blumen schmiegen,
und die Schmetterlinge sich
auf den Halmen wiegen.
Ach, wie ist es da so schön,
tief im Gras zu liegen
und zum Himmel aufzusehn!
Das ist ein Vergnügen! *Robert Reinick*

*

Es regnet, es regnet,
die Tannen werden naß.
Wir sitzen im Trocknen,
was schadet uns das.
Mairegen bringt Segen,
und werden wir naß,
so wachsen wir lustig,
wie Blumen im Gras.

Der Zitronenfalter

Wenn der Schnee zerrinnt,
wenn der Frühling beginnt,
wenn die allerersten Veilchen blühn,
schwebt ein gelbes Ding
durch die Luft dahin
wie eine Blume, so leuchtend und leicht:
ein Schmetterling.

Du siehst es und freust dich
und wunderst dich sehr:
Der Zitronenfalter,
wo kommt er her?
Es hat gefroren, es hat geschneit –
wo war er die lange Winterszeit?

Draußen im Wald,
in dem hohen Wald
steht von Preiselbeerbüschen
ein winziger Wald.
In dem dichten Gezweig
saß er tief versteckt,
wochenlang von Schnee bedeckt,
von mir nicht, von dir nicht,
von niemand entdeckt.

Steif und still,
still und steif
saß er und schlief;
kein Toter schläft tiefer,
so schlief er, so tief,
bis der Frühling kam,
der ihn rief. *Josef Guggenmos*

Aus:
J. Guggenmos,
„Das kunterbunte Kinderbuch“,
Verlag Herder

Sonne, liebe Sonne,
verlaß uns nicht;
komm schnell heraus
und zeig uns
dein liebes Angesicht.

Sonne hat sich müd' gelaufen

Sonne hat sich müd' gelaufen,
spricht: „Nun laß ich's sein!",
geht zu Bett und schließt die Augen
und schläft ruhig ein.

Bäumchen, das noch oben rauschte,
spricht: „Was soll das sein?
Will die Sonne nicht mehr scheinen,
schlaf' ich ruhig ein!"

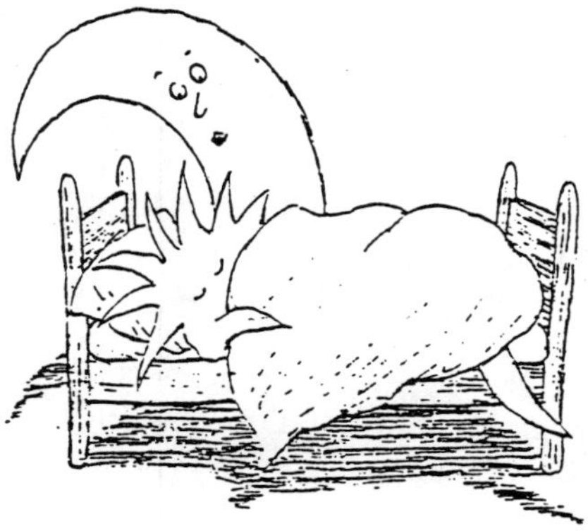

Vogel, der im Baum gesungen,
spricht: „Was soll das sein?
Will das Bäumchen nicht mehr rauschen,
schlaf' ich ruhig ein!"

Häschen spitzt die langen Ohren,
spricht: „Was soll das sein?
Hör' ich keinen Vogel singen,
schlaf' ich ruhig ein!"

Kommt der Mond und guckt herunter,
spricht: „Was soll das sein?
Kein Häschen springt? Kein Vogel singt?
Kein Bäumchen rauscht? Kein Sonnenschein?

Und's Kind allein soll wach noch sein?
Nein, nein, nein!"
Lieb Kindchen macht die Augen zu,
lieb Kindchen schläft schon ein.

Robert Reinick

Vom listigen Vöglein ein lustiges Stücklein

Klaus ist in den Wald gegangen,
weil er will die Vöglein fangen;
auf den Busch ist er gestiegen,
weil er will die Vöglein kriegen.

Doch im Nestchen sitzt das alte
Vögelein just in der Spalte,
schaut und zwitschert: „Ei, der Daus!
Kinderlein, es kommt der Klaus,
hu, mit einem großen Prügel,
Kinderlein, wohl auf die Flügel!"
Prr, da flattert's: Husch, husch, husch!
Leer das Nest und leer der Busch.
Und die Vöglein lachen Klaus
mit dem großen Prügel aus,
daß er wieder heimgegangen,
zornig, weil er nichts gefangen;
daß er wieder heimgestiegen,
weil er konnt kein Vöglein kriegen.

Friedrich Güll

Das Schwalbennest

Die Schwalben haben ihr kleines Nest
gebaut am Hause, da hängt es fest.
Es ist geschützt durch des Daches Rand
vor Regen und vor Sonnenbrand.

Sie haben gezwitschert früh und spät,
nun aber kommt einmal her und seht!
O seht hinauf nach dem Neste hin,
fünf junge Schwälbchen sitzen drin.

Zehn Äuglein blicken daraus hinauf,
fünf kleine Schnäbel sperren sich auf.
Die Schwalbenmutter fliegt hin und her,
fünf Kindlein zu füttern, das ist schwer.

Fliegt ab und zu, von des Morgens früh
bis zum Abend sorgt für die Kleinen sie.
Sie ruht nicht eher, bis alle satt.
Oh, was für Müh' eine Mutter hat.

Johannes Trojan

Anmerkungen
Eigene Ideen
Notizen

Rätsel

Lieblich schmeckt meine Nahrung,
süß ist meiner Arbeit Frucht
und gefährlich meine Rache dem,
der mich zu stören sucht.
(Biene)

Welches Tierlein klein
trägt summend und brummend
den süßen Honig ein?
(Biene)

*

Er hat ein grünes Röckchen an
und musiziert, so laut er kann.
Er sitzt vergnügt an seinem Teich,
quak, quak, so tönt's entgegen euch.
(Frosch)

Welcher Zahn wächst auf der Wiese?
(Löwenzahn)

*

Welche Pflanze brennt
und ist doch nicht heiß?
(Brennessel)

*

Welche Uhr hat keine Zeiger?
(Sonnenuhr)

*

Wer sagt mir schnell
den Vogel an,
der seinen Namen rufen kann?
(Kuckuck)

*

Ich habe zwar ein eignes Schloß,
doch ist es ziemlich klein,
es paßt kein Gast, kein Hausgenoss',
zugleich mit mir hinein.
(Schnecke)

Fingerspiele

Fünf Bäume stehn im Garten.
Die will ich fleißig warten,
damit sie im Herbst,
nach sonnigen Tagen
recht viele Früchte tragen.
Der Baum, der kleine Daumen,
trägt meist die schönsten Pflaumen.
Der Zeigefinger Birnen, süß und fein,
für Jungen und für Mädchen klein.
Der mittlere ist ein Apfelbaum,
der vierte ist ein Kirschenbaum.
Und dieses kleine Fingerlein
soll mein grüner Weinstock sein.

*

Wenn die Frühlingssonne lacht,
wenn die Blumen aufgewacht,
kommen übers weite Meer
alle Vögel wieder her.
Ruhen sich erst ein wenig aus,
fliegen dann über
die Berge nach Haus.
Eines hierhin, eines dort!
Jedes an einen anderen Ort.
Und wer sie hat zuerst gesehn,
der steigt auf die Höh'
und bleibt dort stehn.
Die Kinder rufen vor Freude:
„Hurra!
Der Frühling, der Frühling
ist wieder da!"

*

Fünf Finger, die schliefen fest,
wie kleine Vögel in ihrem Nest.
Da kam die Frau Sonne und schaute herunter.
Der Daumen, der dicke, der wurde als erster munter.
Er reckte sich und streckte sich und nickte erfreut:
Guten Tag, Frau Sonne, schön wird es heut.
Da klopft er dem Nachbarn auf die Schulter:
He aufgewacht, genug geschlafen!
Der Zeigefinger brummte: Was soll das heißen?
Mich aus dem schönen Schlaf zu reißen.
Er reckte sich und streckte sich und nickte erfreut:
Guten Tag, Frau Sonne, schön wird es heut.
Da haben die beiden getanzt und gelacht,
da sind die anderen von selbst aufgewacht.
Und alle zusammen nickten erfreut:
Guten Tag, Frau Sonne, schön wird es heut.

Lieder

Schneeglöckchen, kling

2. Vöglein, trara,
sind wieder da,
bau'n sich ein Nestchen klein,
für ihre Kinderlein.
Vöglein, trara,
sind wieder da.

3. Häslein, husch, husch,
durch Feld und Busch.
Sind uns zum Osterfest,
die allerliebsten Gäst.
Häslein, husch, husch,
durch Feld und Busch.

Alle Vögel

Text: Hoffmann von Fallersleben, Musik: Volksweise

2. Wie sie alle lustig sind, flink und froh sich regen!
Amsel, Drossel, Fink und Star und die ganze Vogelschar
wünschen dir ein frohes Jahr, lauter Heil und Segen.

3. Was sie uns verkünden nun, nehmen wir zu Herzen:
Wir auch wollen lustig sein, lustig wie die Vögelein,
hier und dort, feldaus, feldein, singen, springen, scherzen.

Seht das kleine Samenkorn

Text: Renate Lüber/Melodie: Bernd Seitz
© bei den Autoren

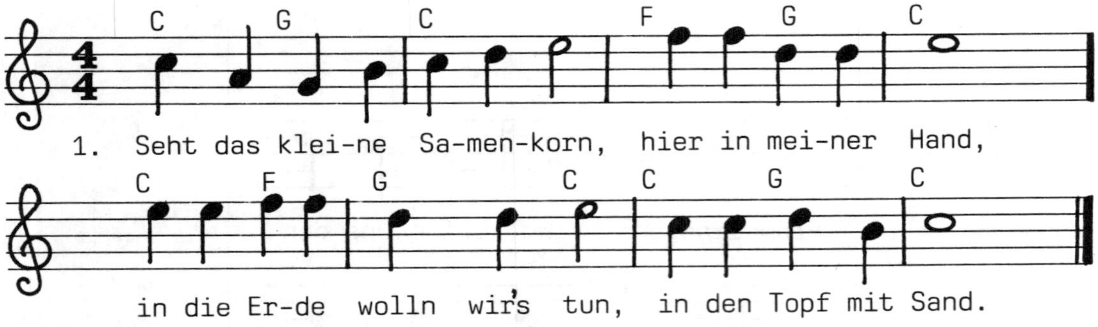

2. An das Fenster kommt es nun,
Sonne scheint herein,
gieß' noch etwas Wasser drauf,
weich' den Samen ein.

3. Sonne scheint nun Tag für Tag,
auf das Körnlein klein,
dringt mit ihrem warmen Schein,
in die Erde ein.

4. Und in ihr der Samen spricht:
Will hinauf zum Licht!
Regt sich nun in seiner Haut,
reckt und windet sich.

5. Sprengt die dünne, weiche Haut,
streckt den Trieb empor,
schiebt sich durch die Erde nun,
bis zum Licht hervor.

Komm lieber Mai

Text: Ch. A. Overbeck/Melodie W. A. Mozart

2. Zwar Wintertage haben wohl auch der Freuden viel,
man kann im Schnee frisch traben und treibt auch Abendspiel,
baut Häuserchen von Karten, spielt Blindekuh und Pfand;
auch gibt's wohl Schlittenfahrten ins liebe freie Land.

3. Doch wenn die Vöglein singen, und wir dann froh und flink
auf grünem Rasen springen, das ist ein ander Ding!
Drum komm und bring vor allem uns viele Veilchen mit,
bring auch viel Nachtigallen und schöne Kuckucks mit!

Anmerkungen
Eigene Ideen
Notizen

Kleine Tiere mögen wir

Text: Heinz Beckers/Musik: Detlev Jöcker

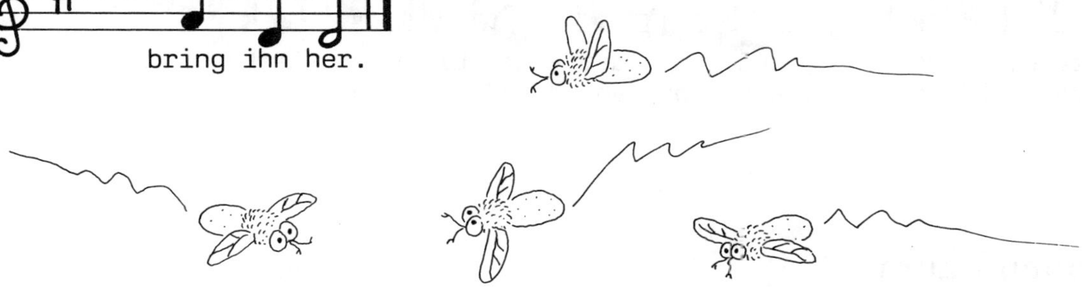

Aus:
„Komm,
du kleiner Racker".

2. Kleine Tiere mögen wir,
seht einmal die Käfer.
Brum, brum, brum,
brum, brum, brum,
sie sind Winterschläfer.
Brum, brum, brum,
brum, brum, brum,
sie sind Winterschläfer.
Wenn es warm wird, sind sie wach,
krabbeln dann den ganzen Tag.

3. Kleine Tiere mögen wir,
seht einmal die Schnecken.
Rutsch, rutsch, rutsch,
rutsch, rutsch, rutsch,
können sich verstecken.
Rutsch, rutsch, rutsch,
rutsch, rutsch, rutsch,
können sich verstecken.
Tragen stets ihr eigenes Haus,
gehen gerne damit aus.

4. Kleine Tiere mögen wir,
seht die Schmetterlinge.
Wipp, wipp, wipp,
wipp, wipp, wipp,
sie sind guter Dinge.
Wipp, wipp, wipp,
wipp, wipp, wipp,
sie sind guter Dinge.
Flattern um den Blumenkranz,
laden ein zum Frühlingstanz.

5. Kleine Tiere mögen wir,
seht einmal die Fliegen.
Ssst, ssst, ssst,
ssst, ssst, ssst,
sie sind nicht zu kriegen.
Ssst, ssst, ssst,
ssst, ssst, ssst,
sie sind nicht zu kriegen.
Fliegen auf das Fensterbrett,
schwubdiwub – schon sind sie weg.

Anmerkungen
Eigene Ideen
Notizen

Löwenzahn, zünde deine Lichtlein an

Text: Kurt Kölsch/Melodie: Heino Schubert

Aus:
„Unser Liederbuch 1“,
© Heino Schubert

Vöglein im hohen Baum

überliefert

Anmerkungen
Eigene Ideen
Notizen

Singspiel

Nun ist der Winterschlaf vorbei

Text: Marina Palmen/Melodie: Ludger Edelkötter

2. Wenn die Frühlingssonne lacht
und die Fledermaus erwacht,
ist der Winterschlaf vorbei,
juchhei, juchhei!

3. Wenn die Frühlingssonne lacht
und das Igelchen erwacht,
ist der Winterschlaf vorbei,
juchhei, juchhei!

4. Wenn die Frühlingssonne lacht
und das Springmäuschen erwacht,
ist der Winterschlaf vorbei,
juchhei, juchhei!

So kann man spielen:
Die vier Winterschläfer schlafen in der Kreismitte. Die übrigen Kinder fassen sich an den Händen und tanzen singend um sie herum. Das Tier, das aufgewacht ist, geht in den Kreis zurück und singt und tanzt mit. Wenn nun alle Winterschläfer aufgewacht sind, werden neue ausgewählt.

Kreisspiel

Ich bin die kleine Schnecke in meinem Haus

Anmerkungen
Eigene Ideen
Notizen

Manuelles Gestalten

Basteln

Schmetterlinge, Bienen, Käfer

Material:
Papprollen für die Körper,
Wachsfarben um sie anzumalen,
Tonpapier und Buntpapier für die Flügel,
helles Transparentpapier (Bienenflügel),
Pfeifenputzer für die Fühler und die Beine.

Aus den genannten Materialien basteln wir Schmetterlinge, Bienen und Käfer, die wir als Raumschmuck in unserem Zimmer aufhängen.

Summ-Biene

Material:
Karton für den Körper,
Buntstifte zum Anmalen,
zwei Holzleisten oder zwei halbe Wäscheklammern,
bei Holzleisten noch zusätzlich zwei kleine Hölzchen als Abstandhalter,
einen Einmachgummi oder den Mittelstreifen eines Luftballons,
einen reißfesten Faden.

Der Pappkörper wird angemalt und zwischen die Wäscheklammern bzw. Holzleisten geklebt. Wenn nötig, noch je ein Abstandhalter in der Mitte der Holzleisten aufgeklebt.
Der Gummi wird außen herumgespannt und am Kopfteil der Faden befestigt, den wir brauchen, um die Biene fliegen und summen zu lassen.

Schmetterlinge

Aus Tapetenpapier schneiden wir Schmetterlinge aus.

Käfer

Material:
Tonpapier oder Karton für Körper, Kopf und Beine,
Wachsfarben zum Anmalen, oder Buntpapier zum Bekleben.

Die Körperteile werden auf dem Papier bzw. dem Karton aufgemalt, ausgeschnitten und mit Farbe oder Buntpapier ausgestaltet.
Der Körper wird an den gestrichelten Linien eingeschnitten und etwas übereinandergeklebt. Der Kopf und die Beine werden von unten angeklebt.

Tip:
Die übereinandergeklebten Stellen mit Büro- oder Wäscheklammern fixieren.

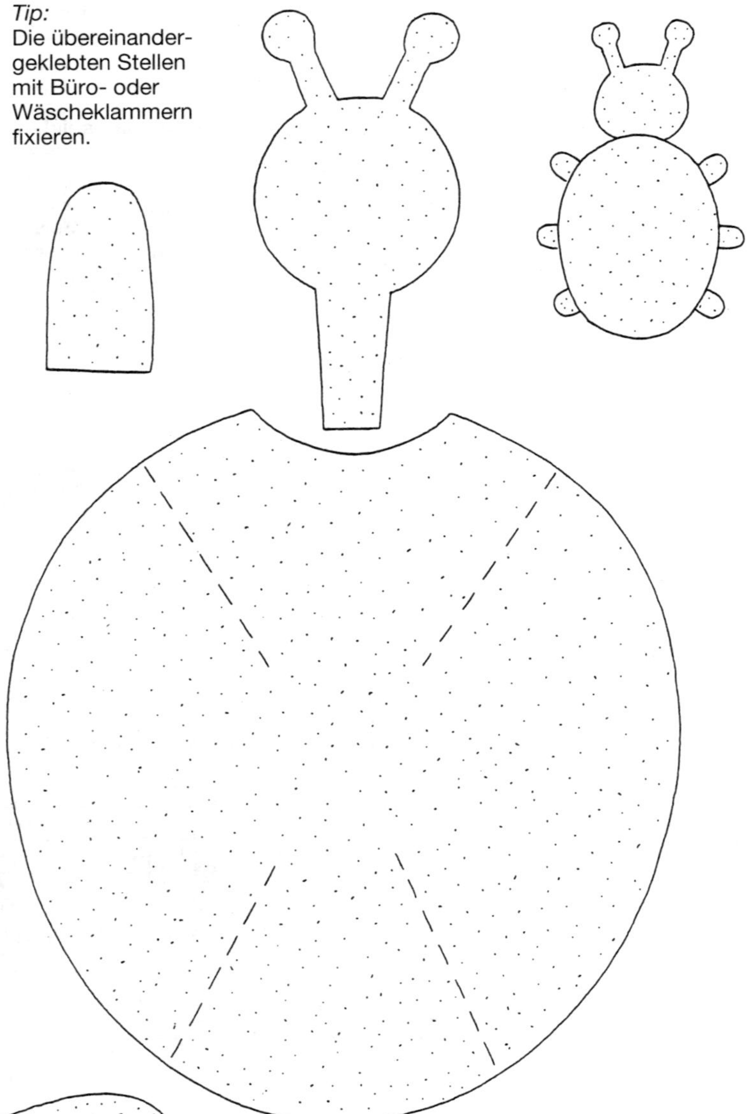

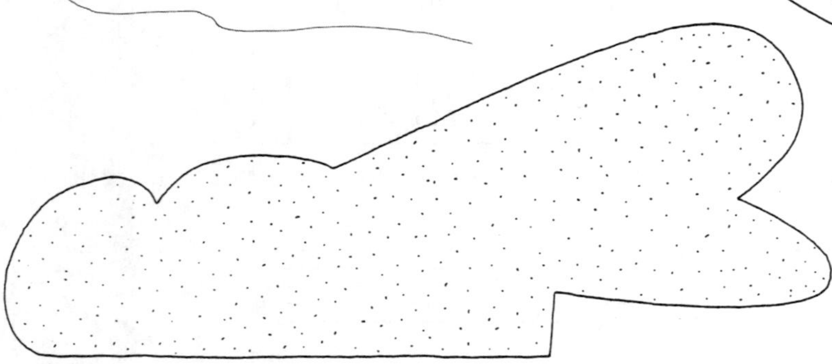

Schablonen können beliebig vergrößert werden.

Anmerkungen
Eigene Ideen
Notizen

Falten

Frosch

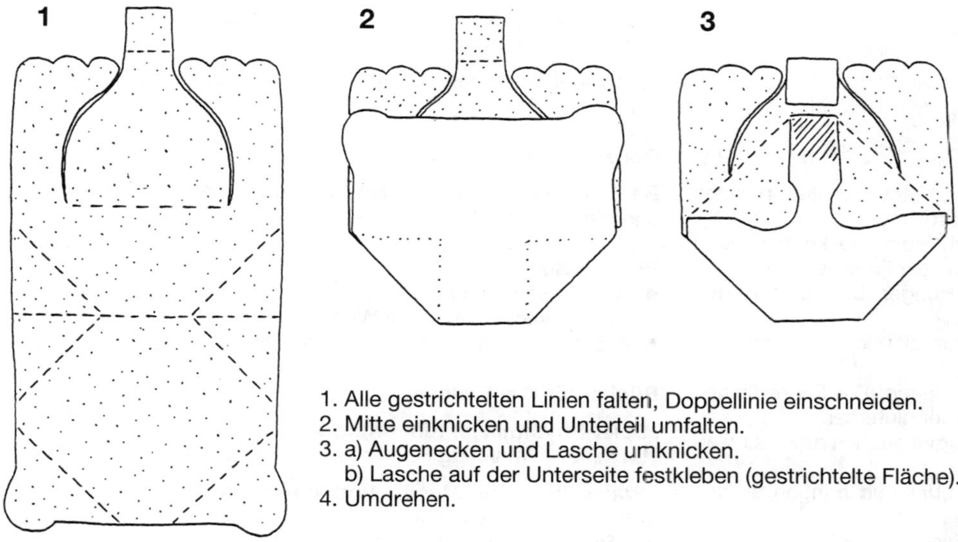

1. Alle gestrichelten Linien falten, Doppellinie einschneiden.
2. Mitte einknicken und Unterteil umfalten.
3. a) Augenecken und Lasche umknicken.
   b) Lasche auf der Unterseite festkleben (gestrichelte Fläche).
4. Umdrehen.

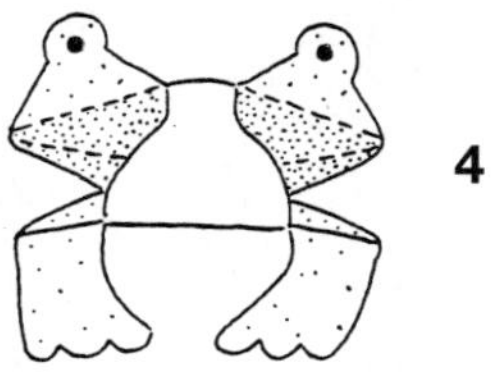

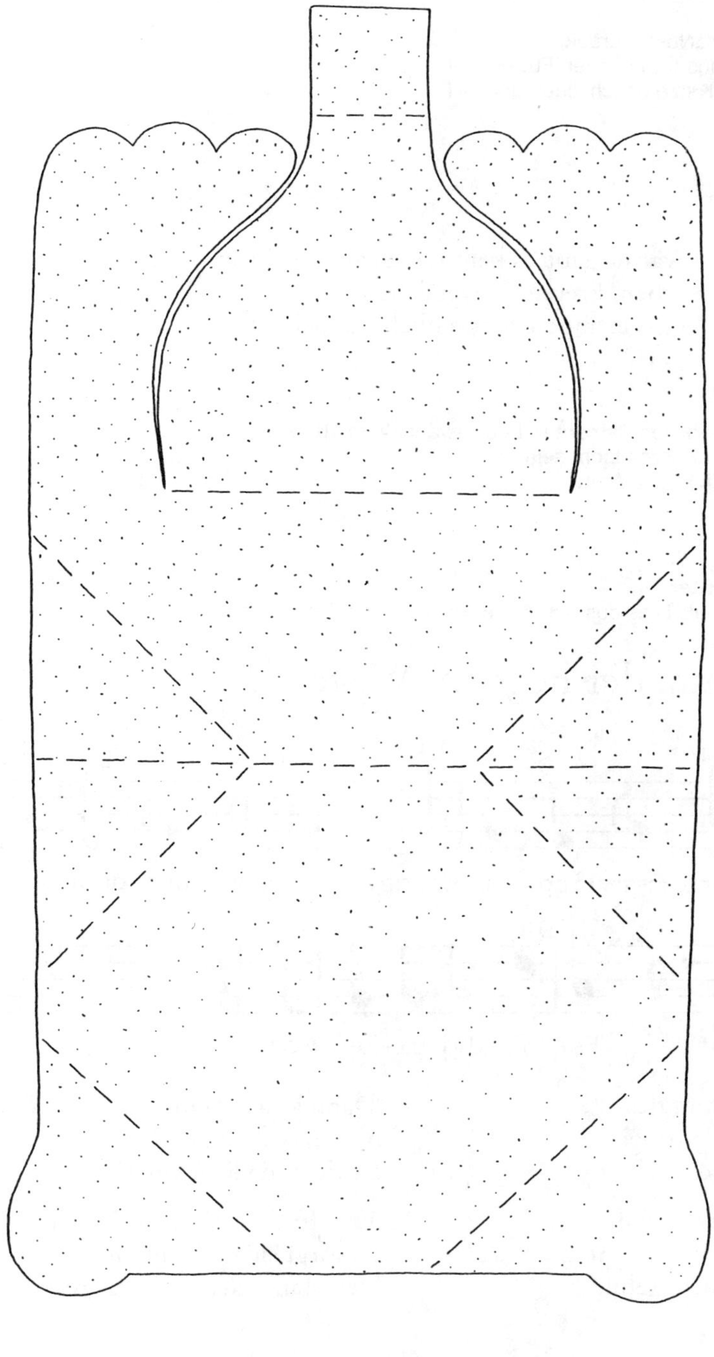

Reißen und Kleben

Schnecke

Auf Papier malen wir
eine Schnecke,
reißen Tapetenbücherblätter klein
und kleben sie damit aus.

Klatschtechnik

Schmetterlinge

Pustetechnik

Blütenzweige

Malen

Frühlingswiese

Mit Buntstiften oder Wachsfarben
malen wir eine Frühlingswiese
mit allem, was da blüht,
krabbelt und fliegt.

Anmerkungen
Eigene Ideen
Notizen

Rhythmik

Rhythmik mit Reifen

Die jungen Vögel

3 bis 4 Kinder (Vogelkinder, Vater und Mutter) sitzen jeweils in einem Reifen (Nest)
Die Vogelkinder sind noch klein, sie können noch nicht fliegen und sich noch kein Futter suchen.

- Die Vogelkinder haben Hunger. Die Eltern fliegen aus und suchen Futter.
- Sie fliegen zum „Nest“ zurück und füttern ihre Kinder.
- Die Vogelkinder lernen fliegen. Die Eltern fliegen um das „Nest“ – die Kinder hinterher.
- Müde von den ersten Flugversuchen ruhen sich alle aus im „Nest“.
- Eltern suchen wieder Futter und bringen es den Kindern.
- Eltern fliegen weiter weg (durch den ganzen Raum), Kinder hinterher.
- Alle fliegen wieder in ihr „Nest“ zurück.
- Nun fliegen alle Vögel aus und suchen Futter. Auf ein Zeichen kommt die Katze geschlichen und will sich einen Vogel fangen. Schnell fliegen alle Vögel zurück in ihr „Nest“.

(Der Vogel, der gefangen wird, kann dann die Katze spielen).

Rollentausch

Bei Spielwiederholung dürfen die Kinder die Eltern und die Eltern die Kinder spielen.

Weitere Spielvorschläge:

- Wie ein Samen aufgeht
- Tiere erwachen aus dem Winterschlaf
- Aus einer Raupe wird ein Schmetterling

Bücher für den Erzieher

„Spiel-Rhythmik im Kindergarten“
von Fink-Klein. Verlag Herder

„Praxishilfen zur Musik- und Bewegungserziehung“ Buch 2, Gestaltung
von Rosemarie Holzheuer. Auer Verlag

Religiöse Erziehung

Ohne Sonnenlicht und -wärme gäbe es kein Leben auf der Erde.
Das Licht symbolisiert Leben, Freude, Zuversicht.
Die Wärme Geborgenheit, Vertrauen, menschliche Zuneigung.

Biblische Geschichte

Das Gleichnis vom barmherzigen Samariter. Lukasevangelium 10/29–37
Helfen bedeutet – für den anderen Licht sein.
Jesus sagt: „Ich bin das Licht der Welt.“

Bilderbuch

„Der barmherzige Samariter“
Württ. Bibelanstalt – auch als Dias aus der Reihe: Was uns die Bibel erzählt.

Lied Ein Mann, der liegt am Wege

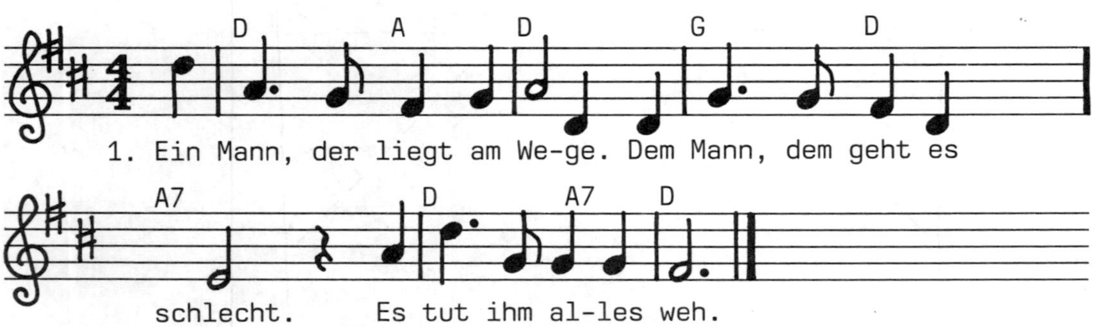

2. Ein Mann, der kommt des Weges,
doch er geht schnell vorbei,
denn er hat keine Zeit.

3. Noch einer kommt vorüber,
doch der schaut schnell zur Seit’.
Er will den Mann nicht sehn.

4. Dann kommt ein Mann des Weges,
und dieser Mann bleibt stehn.
Er sieht, da liegt ein Mann.

5. Er hilft dem Mann am Boden.
Er sorgt sich sehr um ihn.
Der Mann, der macht es recht.

Aus:
Rolf Krenzer,
„100 einfache Lieder Religion“, Verlag Ernst Kaufmann, Lahr / Kösel-Verlag, München

Die Spielanleitung ergibt sich aus dem Text.

Weiteres siehe in Heft 4, Seite 29.

Anmerkungen
Eigene Ideen
Notizen

Unsere Nahrung

Information

Die Tatsache, daß viele Erkrankungen rein ernährungsbedingt sind, jedoch oft erst nach einem Zeitraum von 20 bis 40 Jahren auftreten (Zeitraum zwischen dem Beginn der Fehlernährung und der akuten Erkrankung), zeigt uns die Notwendigkeit, den Kindern eine bewußte, auf Vollwertigkeit der Lebensmittel ausgerichtete Ernährung nahezubringen.
Zahnschäden treten sogar wesentlich früher auf.

Siehe Auswirkungen von gesüßtem Kindertee.

- Was ist Vollwert-Ernährung?
  Vollwert-Ernährung ist eine aus überwiegend Vollgetreide, Gemüse und Obst sowie aus Milch und Milchprodukten zusammengestellte Ernährung. In Maßen auch mit Fisch, Eiern und Fleisch.
  Sie ist naturbelassen, vital- und ballaststoffreich.
  Vollwert-Ernährung sollte frisch, schmackhaft, abwechslungsreich und fettarm zubereitet werden.
  Es werden bevorzugt der Jahreszeit entsprechende Lebensmittel verwendet.
  Ein Drittel bzw. die Hälfte dieser Ernährung sollte roh, also unerhitzt, in Form von Frischkost verzehrt werden (Obst, Salat, Nüsse, Frischkornbrei), da Lebensmittel durch Erhitzen und Kochen minderwertiger werden.
  Die Lebensmittel sollten möglichst aus ökologisch betriebener Landwirtschaft kommen und keine Zusatzstoffe enthalten.
  Fette sind möglichst in naturbelassenem Zustand in Form von Butter oder kaltgepreßtem Öl zu verwenden.
  Ganzheit hat Vorrang. So werden z. B. vom Korn nicht nur die weißen Mehlkörper, sondern auch die Keimlinge und die Randschichten mitverspeist.
  Ebenso ist ein ganzer Apfel mit Schale auch vollwertiger als ein geschälter Apfel oder nur Apfelsaft.
  Industriezucker und Auszugsmehl (enthalten in Süßigkeiten, Grau- und Weißbrot sowie in Kuchen) sind zu meiden.
  Süßen kann man auch mit Honig und Trockenfrüchten.
- Der Ernährungswissenschaftler Prof. Kollath ordnet unsere Nahrung je nach Ganzheit, Veränderung oder Verarbeitung in *Lebensmittel* und *Nahrungsmittel* ein. Hierbei haben Lebensmittel noch einen eigenen Stoffwechsel. Nahrungsmittel hingegen sind durch Erhitzung oder Konservierung minderwertiger.
- Vollwert-Ernährung enthält alles, was unser Organismus zur Gesunderhaltung braucht. Dies sind alle notwendigen Nährstoffe wie Eiweiß, Fett und Kohlenhydrate sowie alle Ballast- und Vitalstoffe.

Informationen für den Erzieher.

Eine gesunde Ernährung beginnt mit der richtigen Auswahl der Nahrungs- bzw. Lebensmittel.

Eiweiß

Eiweiß besteht aus Aminosäuren, von denen acht mit der Nahrung regelmäßig aufgenommen werden müssen. Sie sind unersetzliche Bausteine der Zellen, den Trägern der Erbinformation, die Antikörper zur Bekämpfung von Bakterien und Viren bilden.
Wir unterscheiden tierisches und pflanzliches Eiweiß. Tierisches Eiweiß haben wir in Milch und Milchprodukten, Eiern, Fisch und Fleisch. Pflanzliches Eiweiß in Kartoffeln, Vollkorn, Hülsenfürchten und Nüssen.
Kinder brauchen viel Eiweiß, jedoch auch nicht zuviel. Bei einer gut gemischten Vollwert-Ernährung erhalten Kinder die richtige Menge an Eiweiß. Beim Erwachsenen kann ein Zuviel an Eiweiß, das vom Körper wieder abgebaut werden muß und als Harnstoff ausgeschieden wird oder als Harnsäure in Geweben, Muskeln und Gefäßen abgelagert wird, zu Zivilisationskrankheiten führen.

Anmerkungen
Eigene Ideen
Notizen

Fett

Fette sind Träger der fettlöslichen Vitamine, Bestandteil der Zellwände und Grundsubstanz für Hormone.
Auch hier unterscheiden wir tierische und pflanzliche Fette. Tierische Fette finden wir in Butter. Sie enthält das gesündeste und bekömmlichste Fett. Ferner in Milch und Milchprodukten, Fleisch und Wurstwaren.
Unentbehrliche pflanzliche Fette sind in kaltgepreßten, naturbelassenen Pflanzenölen, Nüssen und fetthaltigen Samen enthalten.
Raffinierte und gehärtete Fette sind zu meiden. Außerdem sollten Kinder nicht zuviel versteckte Fette zu sich nehmen. Sie befinden sich z. B. in Kuchen, Süßigkeiten, Fertiggerichten, Wurst usw.
Auch hier ist die gut gemischte Vollwert-Ernährung maßgebend für die richtige Zufuhr an Fetten.

Kohlenhydrate

Kohlenhydrate sind unser Energielieferant und stehen dem Körper besonders schnell zur Verfügung.
Wir finden sie in Vollkornbrot, Vollkornnudeln, Müsli, Vollreis, Gemüse, Kartoffeln und Obst. Da diese Lebensmittel auch ausreichend Vital- und Ballaststoffe enthalten, machen sie schneller satt und nicht dick. Zu den wertlosen kohlenhydratreichen Nahrungsmitteln gehören Zucker, Süßigkeiten, süße Fruchtsaftgetränke, Limonade und Weißmehlprodukte. Sie liefern zwar Energie, doch fehlen ihnen fast alle anderen wichtigen Inhaltsstoffe. Es kommt zur Mangelernährung. Zivilisationskrankheiten sind die Folge.

In Buchhandlungen findet man eine große Auswahl an passender Lektüre.

Ballaststoffe

Ballaststoffe sind die für uns unverdaulichen Teile pflanzlicher Lebensmittel.
Sie sind enthalten in Vollkornprodukten, Obst und Gemüse. Durch ihre Quellfähigkeit sättigen sie, regen Magen- und Darmtätigkeit an und bewirken somit, daß Schlacken und Giftstoffe schneller ausgeschieden werden.

Vitalstoffe

Vitalstoffe werden vom Körper gebraucht, damit er alle chemischen Vorgänge regeln kann. Zu ihnen gehören Vitamine, Mineralstoffe, Spurenelemente, Enzyme und Aromastoffe. Bei einer gut gemischten Vollwert-Ernährung sind sie in ausreichender Menge und im richtigen Verhältnis vorhanden.

Auf Hauswirtschaftsausstellungen kommt man gut an Informations- und Bildmaterial.

- Die Ernährung ist ein lebensnotwendiges Grundbedürfnis des Menschen. Essen ist mit Gefühlen, mit Tischkultur und Tischsitten verbunden. Das Essen ist somit mehr, als dem Körper an Nährstoffen zu geben, was er braucht.
  Es gibt Sprichwörter wie: „Essen und Trinken hält Leib und Seele zusammen." – „ Das Auge ißt mit" – „Liebe geht durch den Magen" . . .
  Man spricht von Festessen (Geburtstagsessen, Taufessen, Hochzeitsessen, Jubiläumsessen . . .), Geschäftsessen . . .
  Auch Gastfreundschaft steht immer im Zusammenhang mit dem Essen – jemanden bewirten.

Gespräche

Von was wir uns ernähren.

- Über pflanzliche Lebens- bzw. Nahrungsmittel wie Getreide und Getreideprodukte, Obst, Gemüse und Nüsse.
- Über tierische Nahrung wie Fleisch, Wurst, Milch und Milchprodukte.

Anmerkungen
Eigene Ideen
Notizen

- Woher unsere Nahrungsmittel kommen – Selbstversorgung, aus unserem Land, aus anderen Ländern.
- Wo wir sie einkaufen, so z. B.
  beim Bauern,
  in der Mühle,
  beim Bäcker,
  auf dem Wochenmarkt,
  beim Metzger,
  im Fischladen,
  im Tante Emma Laden,
  im Supermarkt ...
- Über unsere Vorratshaltung im Keller, Küchenschrank, Kühlschrank und in der Gefriertruhe.
- Über die Haltbarmachung wie das Dörren, Räuchern, Einkochen und Einfrieren.
- Über unser Lieblingsessen.
- Über eine gesunde Ernährung, was wir essen und was wir meiden sollten.
- Über die Bedeutung der richtigen Zahnpflege nach dem Essen.

Die Vorbildfunktion des Erziehers darf nicht übersehen werden.

- Über das, was wir in den Kindergarten als Frühstück mitbringen können bzw. dürfen.
  Zur Veranschaulichung hierfür hängen wir in unserem Gruppenraum drei Plakate auf, auf denen abgebildet ist, was wir
  – immer mitbringen können –
  – ab und zu mitbringen können –
  – nicht in den Kindergarten mitbringen dürfen.

  So dürfen wir z. B. immer mitbringen: Obst, Gemüse, belegtes Brot, Joghurt, Quarkspeise, Ei, Studentenfutter ...
  Ab und zu darf man mitbringen: Müsliriegel, Brezel, Fruchtjoghurt, Kuchen (gegen ein Stück Sonntagskuchen ist nichts einzuwenden), Banane (sie ist zwar sehr vollwertig, jedoch sollte man sich nach ihrem Verzehr die Zähne putzen).
  Nie darf man mitbringen: Süßigkeiten und durch Werbung als gesund bezeichnete Zwischenmahlzeiten. (Bei Unsicherheit kann man von der Ernährungsfachfrau eine Analyse erstellen lassen.)

  Auch sollte das Frühstück in einer Vesperdose und nicht in Folie verpackt sein, die nur unnötigerweise unseren Mülleimer füllt.

  Als Getränke wird ungesüßter Tee angeboten. Saft in Einwegbeuteln ist nicht erwünscht. Im Ganztagskindergarten sollte zusätzlich Mineralwasser und Fruchtsaft angeboten werden.
  Milch ist kein Durstlöscher, sondern ein Lebensmittel, was besonders bei Kindern mit Übergewicht zu beachten ist.

  Zwischendurch sollte man auch gemeinsam Frühstücken.
- Über Geburtstagsfeiern im Kindergarten, bei denen Geburtstagskuchen willkommen sind. Zusätzliche Süßigkeiten sind jedoch nicht erwünscht.
- Vom Weg der Nahrung, über den Mund und die Zähne, die Speiseröhre, den Magen und das Gedärm.
- Über Nahrungsmittelallergien, daß es Kinder gibt, die nicht alles essen dürfen, nicht alles vertragen.

Auch hier gilt, wie beim Thema „Unser Körper", daß der Sachkundeunterricht der Schule nicht vorgezogen werden soll. Wie intensiv man auf die einzelnen Gesprächspunkte eingeht, hängt von der Kindergruppe, ihrem Interesse und ihrer Aufnahmefähigkeit ab.

In so einem Fall muß man sich mit den Eltern des betroffenen Kindes absprechen.

Weiteres zum Thema Ernährung siehe auch in Heft 6: „Vom Korn zum Brot".

Anmerkungen
Eigene Ideen
Notizen

Ausgang

Wir machen einen Besuch:

- auf dem Bauernhof

Hierfür empfiehlt sich ein sogenannter Öko-Bauernhof, ein Bauernhof, der nach ökologischen Grundsätzen bewirtschaftet wird.
Bei guter Absprache mit dem Bauern und richtiger Zeitwahl ergibt sich vielleicht die Möglichkeit, daß wir zusehen können wie Kühe gemolken werden (Mit der Melkmaschine, mit den Händen).

- in einer Milchzentrale – Molkerei

Hier wird die Milch in Flaschen und Tüten abgefüllt und Butter, Käse, Quark, Joghurt ... hergestellt.

- auf einem Hühnerhof mit frei laufenden Hühnern.
- in einer Metzgerei

Hier kann man eventuell bei der Wurstzubereitung zusehen.

- in einer Mühle
- beim Bäcker
- in einer Gärtnerei
- auf dem Wochenmarkt
- beim Gemüsehändler
- eventuell bei einem Imker

Bei diesen Ausgängen werden wir natürlich auch Lebensmittel einkaufen, die wir dann im Kindergarten zubereiten.

Bei diesen Ausgängen sollte man Betriebe auswählen, die sich im nächsten Umfeld befinden.
Ferner müssen sie gut vorbereitet und die Eltern eventuell miteinbezogen werden.

Einladung

Wir laden unseren Patenzahnarzt zu uns in den Kindergarten ein.

Als Referentin für einen Elternabend laden wir eine Ernährungsfachfrau ein.

Die Adresse der Ernährungsfachfrau erfährt man beim zuständigen Gesundheitsamt.

Rollenspiel

Wir spielen:

- wir kaufen ein
- auf dem Wochenmarkt
- wir kochen
- wir haben Gäste zum Essen
- unsere Küche soll wieder sauber sein
- wir spielen Gasthaus
- wir machen ein Picknick ...

In der Puppenecke sollte man genügend Material zum Kochenspielen zur Verfügung stellen. Auch Geschirr und Besteck, sowie Dekorationsutensilien sollten ausreichend vorhanden sein, eventuell auch ausgediente Haushaltswaren und -geräte.

Anmerkungen
Eigene Ideen
Notizen

Rezepte

Kartoffelsuppe (4 Pers.)

Zutaten:
4 gr. Kartoffeln
2 Zwiebeln
1 Stange Lauch
1 gr. Möhre
etwas geräucherten Speck
etwas Butter
$1^1/_4$ –$1^1/_2$ l Brühe
4 Würstchen

Zubereitung:
In der zerlassenen Butter werden der Speck, die geschnittenen Zwiebeln, das zerkleinerte Gemüse und die in kleine Würfel geschnittenen Kartoffeln gedünstet, mit der Brühe abgelöscht und 30 Minuten durchgekocht. Wenn man möchte, kann man das gegarte Gemüse und die Kartoffeln mit dem Kartoffelstampfer noch zerdrücken.
Zum Schluß werden die Würste hineingegeben, die in der fertigen Suppe noch 10 Minuten ziehen müssen.

Spinatkuchen

Zutaten für den Teig:
150 g Weizenmehl, Type 1050
50 g feines Weizenschrot
$^1/_8$ l lauwarmes Wasser
10 g Hefe
1 Eßl. Sonnenblumenöl
1 Teel. Voll-Meersalz

Teigzubereitung:
In der Knetmaschine die Hefe mit dem Wasser verrühren, Salz und Sonnenblumenöl hinzugeben und nach und nach das Weizenmehl und den Weizenschrot. Nach gründlichem Kneten den Teig gehen lassen, bis er sein Volumen verdoppelt hat.

Zutaten für den Belag:
375 g abgetropften, passierten Spinat
125 g Quark
50 g Emmentaler
2 Eier
5 Eßl. Sahne
Salz
Muskatnuß
Basilikum

Belagzubereitung:
Den Spinat mit dem Quark, dem geriebenen Emmentaler, den Eiern, der Sahne, dem Salz, der geriebenen Muskatnuß und dem feingehackten Basilikum verrühren.
Mit dem Hefeteig eine Springform (26 cm) auslegen und die Masse darauf streichen. Im Backofen bei 200° 30 Min. backen.

Oder wir machen:

Pellkartoffeln mit Kräuterquark
Den Kräuterquark natürlich mit frischen, selbst angepflanzten Kräutern.

Obstsalat

Rohkostsalat

Weitere Rezepte
siehe in Heft 1, Seite 32; Heft 4, Seite 15, 31, 32 und in Heft 6, Seite 36.

Bilderbücher

„Die kleine Raupe Nimmersatt“
von Eric Carle. Verlag Gerstenberg

„Die Suppen-Suse“
von Rose Impey / Sue Porter. Parabel

„Frederick“
von Leo Lionni. Verlag Middelhauve

„Wo die wilden Kerle wohnen“
von Maurice Sendak. Diogenes Verlag.

„Oh, wie schön ist Panama“
von Janosch. Beltz Verlag

„Nina und der springende Punkt“
von Johanna Dopfer / Norbert Schäfer. Schnitzer Verlag

„Obst und Gemüse“
von Gabriele Lorenzer. Ravensburger

„Auf dem Markt“
von Irmgard Eberhard / Ursel Scheffler. Ravensburger

„Großmuttersuppe“
von Ingrid Kellner. Ravensburger

„Die grüne und die braune Schnecke“
von Monica Penders / Mavis Schmith. Jugenddienst-Verlag

„Das Apfelmäuschen“
von Ulrich Thomas / Mathilde Reich. Kinderbuchverlag Luzern

„Der dicke fette Pfannkuchen“
von Anne Heseler. Coppenrath Verlag

„Gummibärchen und Pommes frites“
von Friedrich Kohlsaat / Ingeborg Voelter. Ellermann Verlag

„Mimi und die Keksfabrik“
von Viveca Sundvall / Eva Eriksson. Verlag Oettinger

„Der kleine Bär“
von Else Holmelund Minarik. Verlag Sauerländer

„Majas kleiner Garten“
von Lena Anderson / Karlheinz Frank. Bertelsmann

Sachbuchreihen

Aus der Reihe: **„Schau mal“.** Kinderbuchverlag Luzern

„Schau mal: Unser Honig“
von Heiderose und Andreas Fischer-Nagel
„Schau mal: Unser Brot“
von Gabi Kohwagner
„Schau mal: Unsere Milch“
von Gabi Kohwagner
„Schau mal: Zucker“
von Heiderose und Andreas Fischer-Nagel
„Schau mal: Unser Wasser“
von Gabi Kohwagner

Sachbücher von Ali Mitgutsch. Sellier Verlag

„Vom Gras zur Butter"
„Vom Korn zum Brot"
„Von der Blüte zum Honig"
„Vom Kern zur Birne"
„Vom Kakao zur Schokolade"
„Vom Obst zur Marmelade"
„Von der Zitrone zur Limonade"
„Von der Rübe zum Zucker"
„Vom Meer zum Salz"
„Von der Milch zum Speiseeis"
„Vom Ei zum Pfannkuchen"

Aus der Reihe: **„Sinn-volle Frühpädagogik"**
„Riech- und Schmeckspiele"
von Löscher. Don Bosco Verlag

Aus der Reihe: **„Die Welt entdecken".** Ravensburger

„Woher kommt der Zucker?"
„Wo die Schokolade wächst"
„Warum trinken alle Kinder Milch?"
„Kartoffeln wachsen nicht im Keller"
„Unser täglich Brot"
„Woher kommt das Salz?"
„Früchte des Gartens"
„Reis – Ein kleines Korn ernährt die Welt"

Sachbücher

„Koch- und Spielbuch für kleine Kinder"
von Barbara Rüttings / Jörg Drühl. Lentz Verlag

„Kochen für kleine Köche"
von Ann Rocard / Claire Nadaud. Tessloff Verlag

„Kinder in der Küche"
Tips und Rezepte aus der Reihe: aktiv und kreativ
proclama Verlag/Weichs

„Kinder kochen mit Knudel"
von Ulrike Bültjer. Falken-Verlag

„Kinder Kochbuch"
von Dr. Oetker. Ceres Verlag

„Linus läßt nichts anbrennen"
von Christina Björk / Lena Anderson. Bertelsmann

„Herders Großes Bilderlexikon"

Vorlesebücher

„Wenn der Hefeteig spazieren geht . . ."
. . . und andere Geschichten übers Essen
Herausgeber: Arbeitsgemeinschaft Hauswirtschaft e. V., Bonn

„Guck mal übern Tellerrand"
Lies mal, wie die andern leben
Geschichten und Bilder aus den südlichen Kontinenten
Peter Hammer Verlag

„Anna will nicht essen"
von Hannelore Kleinschmid. rororo Sachbuch TB

Bücher für den Erzieher

„Was kleine Kinder gerne mögen"
von Dagmar v. Cramm. Gräfe und Unzer Verlag

„Gesunde Ernährung für mein Kind"
von Maren Bustorf-Hirsch. Falken-Verlag

„Gesunde Kinder"
durch die Mittel der Natur
Verlagsunion Erich Pabel – Arthur Moewig

„Mein allererstes Kochbuch"
von Miriam Stoppard. Hädecke Verlag

„Biologisch Backen"
von Maren Bustorf-Hirsch. Falken-Verlag

„Biologisch kochen und backen"
von Helma Danner. Econ Taschenbuch Verlag

„Mit Lust und Liebe Vollwertküche für Genießer"
von Prof. Dr. Klaus Leitzmann / Helmut Million. Falken-Verlag

„Feines aus Früchtetee"
von Cornelia Rudolph. Johannes Rudolph-Verlag, Insel Amrum

„Gesunde Vollwertkost aus der Sedus Küche"
von Frank Engelmann.
Nicht im Buchhandel erhältlich, sondern nur bei der
Stoll VITA Stiftung
Brückenstr. 15
7890 Waldshut 1
gegen eine Portogebühr von 2,– DM.

Aus der Reihe: **„Farbiges Wissen".** Ravensburger
„Die Erde ernährt uns"

„So funktioniert mein Körper"
von Edith Heuser, Dieter Mettelsiefen, dtv junior

Geschichten

Die Geschichte von der Kuh

Einmal hat einer Kuh das Gras nicht mehr geschmeckt. Sie wollte lieber etwas anderes fressen, nicht immer nur Gras und Gras. Zuerst hat sie am Zaun geknappert. Aber das Holz war so hart und so trocken, es hat der Kuh auch nicht geschmeckt. Da hat sie die Wäscheleine hinter dem Zaun gesehen. Sie hat ihren Hals lang gemacht, sie hat die Zunge weit aus dem Maul gestreckt, und dann hat sie ein Hemd von der Leine gezogen. Aber das Hemd hat nach Seife geschmeckt, die Kuh hat es nur halb aufgefressen. Sie hat sich umgesehen, und da hat sie im Gebüsch einen alten Schuh gefunden. Die Kuh hat lange auf dem Schuh herumgekaut. Aber der

Aus:
Ursula Wölfel,
„Siebenundzwanzig Suppengeschichten",

Anmerkungen
Eigene Ideen
Notizen

Schuhbändel ist ihr ums Maul gebaumelt, das hat die Kuh geärgert, und das Leder hat nach Schuhwichse geschmeckt. Die Kuh hat den alten Schuh wieder ausgespuckt. Sie hat sich in den Schatten gelegt, sie hat ein bißchen geschlafen, und dann hat sie den anderen Kühen zugesehen. Die anderen Kühe haben Gras mit Pusteblumen und Margeriten gefressen. Die Kuh wollte auch etwas davon haben, die anderen Kühe sollten ihr nicht alles wegfressen! Sie ist wieder aufgestanden, sie hat Gras mit Blumen gefressen, und das hat ihr so richtig gut geschmeckt.

Ursula Wölfel

Eintopf, Zweitopf, Siebentopf

Die Magenknurr- & Katzenschnurr-Geschichte

Mario spielt in seinem Zimmer und wartet, daß er endlich zum Essen gerufen wird. Er ist schon lange hungrig. Da wird leise die Tür aufgestoßen – herein schleicht Kater Jussuf. Er setzt sich neben die Spielzeugkiste und streicht sich den Bart mit der Pfote.

„Hast du auch so einen Bärenhunger?“ fragt Jussuf.

„Und was für einen!“ Mario seufzt. „Weißt du, was es heute zu Essen gibt?“

„Schwer zu sagen.“ Jussuf überlegt. „Wenn ich mich auf meine Nase verlasse, gibt es neue Kartoffeln.“

„Wieso kannst du Kartoffeln riechen?“ fragt Mario.

„Den Geruch kenne ich von meinen Streifzügen durch die Gärten. Die Feldmäuse machen sich da oft zu schaffen.“

„Und was gibt’s dazu, zu den Kartoffeln?“ fragt Mario.

„Ich bin mir nicht sicher“, sagt Jussuf. „Es könnte Bratwurst sein oder Fleisch oder Fisch ... Ihr Menschen werft ja immer erst alles in Töpfe und Pfannen, bevor ihr es eßt. Beim Kochen und Braten verändern sich die Gerüche. Und dann die vielen Gewürze! Da kenne ich mich gar nicht aus.“

„Komisch“, Mario überlegt, „ich kann dir genau sagen, ob es Fleisch oder Fisch gibt. Ich rieche es schon auf dem Flur.“

„Dann geh doch mal riechen, was es heute gibt“, schlägt Jussuf vor.

Mario krault den Kater hinter den Ohren. Dann öffnet er die Tür und schnuppert in den Flur. Als er sich wieder umdreht, sieht Jussuf ihn erwartungsvoll an.

„Na, was gibt’s?“ fragt er ungeduldig.

„Fisch!“ ruft Mario verzweifelt. „Ausgerechnet heute, wo ich so großen Hunger habe!“

„Fisch! Ausgerechnet Fisch!“ ruft auch der Kater. „Da gibt es die leckersten Abfälle. Und ich werde richtig satt!“ Seine Barthaare zittern vor Freude.

„Du könntest ja all meinen Fisch bekommen, wenn du mir statt dessen Erdbeeren oder Kirschen aus den Gärten holst“, schlägt Mario vor.

„Erdbeeren? Kirschen?“ fragt verwundert der Kater. „Ich bin schließlich Jäger und kein Gärtner. Warum wünschst du dir nicht einfach eine tote Maus?“

Da hören sie die Stimme der Mutter: „Kommt essen! Der Fisch steht auf dem Tisch!“

Hoffentlich hat Mario morgen mehr Glück, denkt Jussuf. Vielleicht gibt es dann Kirschpfannenkuchen mit Schlagsahne.

Iris Salzmann / Heide Heinz

Iris Salzmann / Heide Heinz, Aus: „ich bin ich, und wer bist du, Tiger oder Blindekuh?“ Pädagogischer Verl. Schwann-Bagel, Düsseldorf.

Weitere Geschichten
Siehe in Heft 1, Seite 33:
„Die Geschichte von der Maus im Laden“ von Ursula Wölfel
„Der dicke, fette Pfannekuchen“

Aus **„Was Kinder bewegt“**
von Christine Merz. Verlag Herder

Buch – Herbst
„Im Restaurant“ – Wer kann sich gut benehmen?

Buch – Winter
Im Supermarkt“ – vom Einkaufen

Sinnesübungen

Nahrungsmittel erraten

Wir ertasten, riechen und schmecken verschiedene Nahrungsmittel.
Wir bestimmen ihren Geschmack: süß, sauer, salzig und bitter.
Wir versuchen zu erkennen, ob sie roh oder gekocht sind.

Reime

Hasensalat

Morgens in den Garten trat
Liese, klein und niedlich.
Saß ein Häschen im Salat,
schmaust und tat sich gütlich.

Liese sprach: „Du armes Tier,
wart einmal, indeß ich
lauf' ins Haus und hole dir
zum Salat den Essig.

Kommt zurück schon mit dem Krug –
niemals lief sie schneller –
Essig gießt sie jetzt genug
auf den Hasenteller.

„Lieschen, ich danke dir“,
sprach der kleine Fresser,
eigentlich doch schmeckt es mir
ohne Essig besser.“ *Johannes Trojan*

In der bimbambolischen Küche

In der bimbambolischen Küche
geht es bimbambolisch zu.
Tanzt der bimbambolische Ochse
mit der bimbambolischen Kuh.
Und die bimbambolische Mutter
kocht den bimbambolischen Brei.
Und die bimbambolischen Kinder
kommen ganz geschwind herbei.
Essen ihre Teller, Schüsseln –
alle bimbambolisch leer.
In die bimbambolischen Bäuchlein
geht gewiß kein Krümchen mehr.

Es war einmal ein Riese

Es war einmal ein Riese,
der hatte großen Hunger.
Da setzte er sich
an seinen riesengroßen Tisch
vor seinen riesengroßen Teller.
Seine Frau nahm
den riesengroßen Topf
vom riesengroßen Herd
und füllte ihm die Suppe auf,
die aß er
mit seinem riesengroßen Löffel.
Dann gab sie ihm ein Stück Fleisch
aus der riesengroßen Pfanne,
das aß er
mit dem riesengroßen Messer
und mit seiner riesengroßen Gabel.
Danach aß er noch Pudding
aus einer riesengroßen Schüssel.
Dann war er satt.
Nun hatte er großen Durst.
Da nahm seine Frau
die riesengroße Kanne
und tat ihm Milch
in seine riesengroße Tasse.

Das Zähneputzen

Wenn man nach dem Zähneputzen
abends noch was Süßes ißt,
hat das Putzen wenig Nutzen,
weil das Süße Löcher frißt.

Abzählreime

1, 2, 3
Butter in den Brei,
Butter in den Kuchen,
du mußt suchen.

*

Ene mene mei,
Salz in den Brei,
Salz auf den Speck,
und du bist weg.

Auf einem kleinen Butterberg
saß ein kleiner dicker Zwerg.
Kam die Sonne – 1, 2, 3,
schmolz der Butterberg entzwei,
und du bist frei.

Rätsel

Sie ist süß oder sauer,
sie ist kalt oder heiß,
immer aber ist sie weiß.
Wer ist das? (Milch)

Ein Häuschen mit fünf Kämmerlein,
drin wohnen braune Kerne,
und beißt du in das Häuslein rein,
schmeckt's gut und du hast's gerne. (Apfel)

Es hat eine harte Schale,
der Kern schmeckt süß und fein,
ihr knackt es alle gerne,
mein Kind, was mag das sein? (Nuß)

Weitere Rätsel siehe Heft 1, Seite 38.

Zungenbrecher

Zwergenpicknick

Zwölf zünftige Zipfelmützenzwerge,
die auf zwölf braunen Tannenzapfen saßen,
aßen zweihundertzweiundzwanzig blaue Zwetschgen,
und als die zwölf zünftigen Zipfelmützenzwerge
die zweihundertzweiundzwanzig blauen Zwetschgen gegessen hatten,
sagte Zwerg Zwockel zu Zwerg Zwuckel:
„Mich zwickt's im Bauch!"
Drauf sagte Zwuckel zu Zwockel: „Mich auch!"

Fingerspiele

Ihr Kinder kommt herbei,
wir kochen heute Brei.
Der Topf, der steht schon hier,
den Löffel holen wir.
Die Milch nun in das Töpfchen,
verschüttet nur kein Tröpfchen.
Das Feuer laßt uns schüren
und schnell die Milch umrühren.
Schnell kocht sie uns über,
drum zieht das Töpfchen rüber.
Eine Prise Salz hinein
und rührt den Grieß nun ein.
Rosinen für die Schlecker,
wie schmeckt mein Brei so lecker.

*

Fünf kleine Mäuslein
krabbeln am Boden,
suchen nach Krümchen,
nach Zucker, nach Broten.
Fünf kleine Mäuslein
auf hohem Brett
knabbern am Kuchen
sich dick und fett.
Aber die Katze
mit den Augen rund
denkt, die treiben's
mir doch zu bunt.
Macht einen Satz,
doch die Mäuslein sind fort,
kriechen ins Mausloch
und verstecken sich dort.

*

In der Küche auf dem Tisch
steht ein Töpfchen Milch ganz frisch.
Kätzchen will sich dran erlaben,
möchte von der Milch was haben,
steckt das Köpfchen in das Töpfchen
und trinkt und trinkt, o weh
da geht das Köpfchen nicht mehr in die Höh!
Mit dem Töpfchen auf dem Köpfchen
läuft das Kätzchen in den Schnee.
Hat ein Stein im Weg gelegen,
Kätzchen springt genau dagegen
und das Töpfchen sprang entzwei,
Mietzekatz ist wieder frei.

Anmerkungen
Eigene Ideen
Notizen

Lieder

Heut zu Mittag oder nie

Text und Melodie: Hans Baumann

Aus: „Leselöwen Spaßlieder“,

2. Und es kamen Herr von Lauch,
Fräulein Petersilie auch,
alle drei Gebrüder Kohl:
Grünkohl, Rotkohl, Blumenkohl.

3. Frau Kartoffel fand sich ein,
Frau Karotte schlank und fein –
und im großen Suppentopf
fanden sie sich Kopf an Kopf.

4. Eins nur hatten sie im Sinn,
wurden weich und schmolzen hin,
summten leis das Suppenlied:
Guten, guten Appetit!

Das Lied vom vollen Mund

Text und Melodie: Klaus W. Hoffmann

2. Beim Schimpfen fällt Frau Rund
das Essen aus dem Mund.
Da ruft der Vater Rund:
Sprich nicht mit vollem Mund!

3. Beim Schimpfen fällt Herrn Rund
das Essen aus dem Mund.
Da ruft der kleine Rund:
Sprich nicht mit vollem Mund!

4. Da lacht Familie Rund
lauthals mit vollem Mund
und singt aus gutem Grund
das Lied vom vollen Mund.

Kleine weiße Beißer

Text und Melodie: Werner Kötteritz

Aus:
Werner Kötteritz/
Amet Rudolph,
„Ich bin der
starke Löwe“,
Patmos Verlag,
Düsseldorf 1991

2. Kleine, weiße Beißer kauen knackig frische Möhr'n,
Vollkornbrot und Äpfel beißen sie besonders gern.
Nun ratet mal geschwind, wer diese Beißer sind!
Nun ratet mal geschwind, wer diese Beißer sind!

3. Kleine, weiße Beißer wolln gesund und fröhlich sein,
mögen keinen Zucker, beißen nie in Bonbons rein.
Nun ratet mal geschwind, wer diese Beißer sind!
Nun ratet mal geschwind, wer diese Beißer sind!

4. Kleine, weiße Beißer schreien laut nach jedem Essen
nach der kleinen Bürste: Putzen bitte nie vergessen.
Nun ratet mal geschwind, wer diese Beißer sind!
Nun ratet mal geschwind, wer diese Beißer sind!

5. Kleine, weiße Beißer haben sich im Mund versteckt.
Schaut mal in den Spiegel, und schon habt ihr sie entdeckt.
Ja, nun weiß jedes Kind, daß es die Zähne sind!
Ja, nun weiß jedes Kind, daß es die Zähne sind!

Anmerkungen
Eigene Ideen
Notizen

Singspiel

Die wandernde Kartoffel

Text und Melodie: Dorothée Kreusch-Jacob

2. Ich heiße Christoffel
und meine Kartoffel
muß reisen,
muß reisen,
wer wird sie verspeisen?

Spielvorschlag:
Wie schön sich das anfühlt, wenn eine warme Kartoffel von Hand zu Hand wandert. (Ist sie heiß, wird's allerdings eine schnelle Reise!) Wer am Ende des Gedichts die Kartoffel in der Hand hat, darf sie mit Butter und Salz verspeisen. Während dessen wird weitergespielt, bis der Kartoffeltopf leer ist.

Kreisspiele

Will mir einen Kuchen backen

Will mir einen Kuchen backen, einen feinen Kuchen.
Dazu brauch' ich viele Sachen, muß sie alle suchen.
Steht eine große Mehltüte hier, große Mehltüte komm mit mir.

Will mir einen Kuchen . . .
Steht eine Zuckerdose hier, Zuckerdose komm mit mir.

Will mir einen Kuchen . . .
Steht ein kleines Salzfaß hier, kleines Salzfaß komm mit mir.

Will mir einen Kuchen . . .
Steht ein Backpulverpäckchen hier, Backpulverpäckchen komm mit mir.

Will mir einen Kuchen . . .
Steht eine Butterdose hier, Butterdose komm mit mir.

Will mir einen Kuchen . . .
Steht ein Eierkarton hier, Eierkarton komm mit mir.

Will mir einen Kuchen . . .
Steht ein großer Milchtopf hier, großer Milchtopf komm mit mir.

So wird gespielt:
Die Kinder sitzen oder stehen im Kreis. Ein Kind, das den Kuchen backen will, geht im Kreis herum. Nach jeder Strophe sucht es sich ein Kind aus, das mit ihm geht. Zum Schluß stehen die Kinder im Kreis und ahmen das Kuchenessen nach.

Variante
Dieses Spiel kann man ebensogut mit „Will mir eine Gemüsesuppe kochen", „Will mir eine Pizza backen" . . . spielen.
Zuvor kann man mit den Kindern überlegen, was wir für die einzelnen Gerichte brauchen.

Mein rechter Platz ist frei

Siehe Heft 1, Seite 11.
An Stelle der Kindernamen werden Obst- oder Gemüsenamen verwendet, die die Kinder vor Spielbeginn erhalten.

Anmerkungen
Eigene Ideen
Notizen

Aus:
„in sachen spiel und feier", „Herbst und Erntedank", 42. Jahrg., Heft 3, Mai/Juni 91, Höfling Verlag, Weinheim
Rechte beim Autor

Spiel

Gemüse für das Monster

Das Stück und die Personen:

1. Das Stück
Die Spieldauer beträgt 10–15 Minuten. Aufbau und Inhalt des Stückes ermöglichen die Teilnahme von Kindern verschiedenen Alters. Die Aufführung ist nicht gefährdet, auch wenn z. B. ein Kind wegen Krankheit ausfallen sollte.
Es kann gut auch als Einstieg in das Gesprächsthema „Gesunde Ernährung" eingesetzt werden.

2. Die Personen
Das *Monster* ist ein sympathisches Monster. Das darstellende Kind ist mit weiter, kuscheliger Kleidung angezogen. Als Perücke kann ein Putzmop dienen.

Der *Arzt* ist mit Kittel, Stethoskop und Arztkoffer ausgestattet.

Obst und Gemüse werden von verschiedenen Kindern, maximal elf, gespielt. Sie halten die Gemüse- und Obstsorten, die sie darstellen, in der Hand.

Weitere *Requisiten* sind Plastikeimer, Süßigkeitenpapier, Tisch und Hocker.

1. Szene

Monster sitzt oder liegt auf einem Tisch, stöhnt gräßlich und räkelt sich.
Hilfe, mir geht's so schlecht, ich bin so schlapp.
Es sinkt in sich zusammen.
Ich zittere. Ich brauche einen Arzt! Hilfe, ein Doktor!

Arzt kommt gerannt.
Was ist denn mit dir los? Du siehst ja richtig krank aus! Wie fühlst du dich denn?

Monster stöhnt.
Schmerzen! Schlappheit! Zittrigkeit!
betont:
Schlauheit ...

Arzt unterbricht.
... und Frechheit und Faulheit! Komm, laß dich untersuchen.

Monster legt sich auf den Rücken, streckt alle viere von sich, Gesicht zum Publikum.
Grr, grr!

Arzt untersucht murmelnd, mit großer Lupe und Stethoskop.
Sag mal ah!

Monster laut:
Bäh! Was fehlt mir denn?

Arzt
Was dir fehlt? Eine gesunde Ernährung!

Monster wühlt im Eimer und streut Süßigkeitenpapiere herum.
Aber ich esse doch gesund. Ich habe doch gerade erst 25 Tafeln Schokolade, 15 Tüten Gummibärchen und einen Eimer voll mit Pommes und Ketchup gefressen!

Arzt schüttelt entgeistert den Kopf.
Ich werde dir mal zeigen, womit man sich gut ernährt. ruft Hallo, Obst, Gemüse, kommt mal her!

Obst und Gemüse stellen sich in einer Reihe auf, die jeweilige Frucht in der Hand. Arzt und Monster nicken beifällig zu den nun folgenden Gedichten. Das Monster schmatzt nach den einzelnen Versen ganz verzückt.

2. Szene

Das jeweilige Obst oder Gemüse kann man auch auf Bildtafeln darstellen.

Kartoffel
Ich bin die Kartoffel, dick und rund,
ich mach' dich schnell gesund.
Als Pellkartoffel bin ich ein Genuß,
enthalte Kalium im Überfluß.

Vollkornbrot
Vitamin B 1 enthalte ich, das Vollkornbrot,
stärk' die Nerven, lindre manche Not.

Kokosnuß
Ich bin die Kokosnuß mit viel Protein und Kalium,
wer mich nicht mag, ist wirklich dumm.

Banane
Ich bin die Banane aus Südamerika,
war schon vor Kolumbus da.
Als Krankenkost da bin ich Spitze,
erspar' dem Kranken manche Spritze.

Karotte
Ich bin die Karotte, mach' die Augen kräftig,
im Rohkostsalat schmeck' ich besonders deftig.

Apfel
Ich bin der Apfel, sehr bliebt,
weils mich in süß und sauer gibt.

Weißkohl
Ich werde weißer Kohl genannt,
als Sauerkraut bin ich bekannt.
Einen eingeschlaf'nen Darm, den kann ich wecken,
roh soll ich am besten schmecken.

Hafer
Bist du schlapp, dann geht es dir nicht gut,
du brauchst Eisen für dein Blut.
Hafer wirkt dann wie Arznei,
in Form von Flocken oder Brei.

Anmerkungen
Eigene Ideen
Notizen

Mandel
Willst du Vitamine naschen,
steck' dir Mandeln in die Taschen.
Und von dort dann in den Mund,
denn Mandeln sind gesund.

Apfelsine
Ich bin die Apfelsine,
stärk' die Abwehrkraft,
Vitamin C enthält mein Saft!

Grünkohl
Kalzium brauchen Kind, Mann und Frau
und nicht nur für den Knochenbau.
Deshalb grüner Kohl, ganz frisch,
gehört öfter auf den Mittagstisch.

3. Szene

Monster aufgeregt:
Lecker, lecker. Das will ich essen!

Arzt belehrend:
Es ist doch logisch: Was für ein Monster gut ist, ist für Menschen erst recht gesund!

Obst und Gemüse rennen ins Publikum und verteilen ihre Obst- und Gemüsesorten. Der *Arzt* hält eine große Weintraube, die er aus seinem Koffer geholt hat, in die Höhe und ruft laut

Wer hat Appetit?

Monster, Obst und Gemüse stürmen schreiend auf den *Arzt* zu, der zu Boden fällt. Alle krabbeln, lärmend von der Bühne.

Siegbert Wolters

Manuelles Gestalten

Modellieren

Nahrungsmittel
Aus Knetmasse modellieren wir verschiedene Nahrungsmittel wie Obst, Gemüse und Backwaren. Oder formen es aus Pappmaché, um es nach der Fertigstellung für das Spiel in der Puppenecke zu verwenden.

Collage

Womit wir uns ernähren
Gemüse – Obst – Getreide – Milch- und Fleischprodukte

Malen

Was wir am liebsten essen
Wir malen unsere Lieblingsspeisen.

Auf dem Wochenmarkt
Wir malen, was uns auf dem Wochenmarkt am besten gefallen hat.

Einkaufszettel
Alle Dinge, die wir bei einem Ausgang einkaufen möchten, malen wir mit Buntstiften auf ein Blatt Papier.

Rezept
Wir malen alle Zutaten, die wir für die Zubereitung eines bestimmten Gerichts brauchen, auf ein großes Blatt und hängen es für alle sichtbar vor der Zubereitung auf.

Einkaufszettel: Laura 6 Jahre

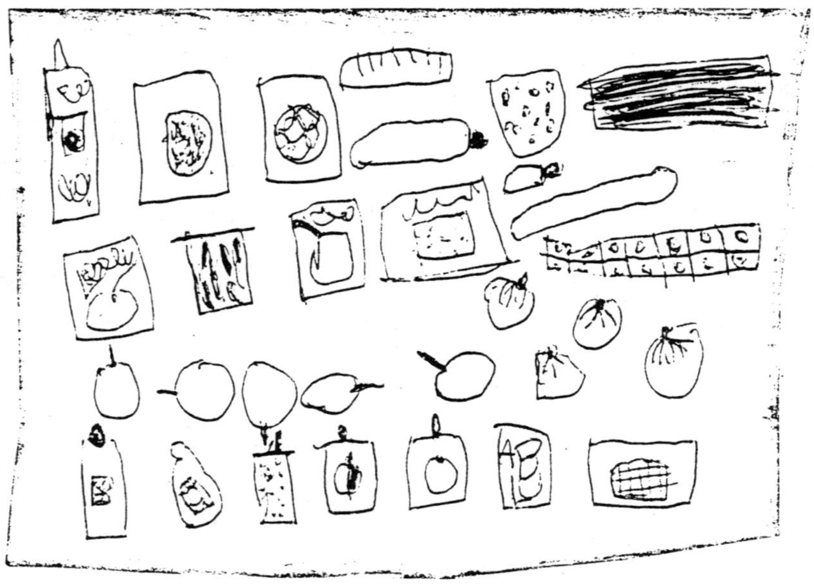

Anmerkungen
Eigene Ideen
Notizen

Religiöse Erziehung

Auch Kinder können bereits erfahren, daß unser „täglich Brot" nicht selbstverständlich ist und nicht alle Menschen im Wohlstand leben.

Arbeitshilfen können uns helfen, mit diesem Thema besser zurechtzukommen, so z. B.:

Aus der Reihe: **Misereor –** Materialien für Kindergarten und Grundschule,
Herausgeber: Bischöfliches Hilfswerk Misereor e. V., Mozartstr. 9, 5100 Aachen

„Eine Brücke nach Peru"
Kinder im Andenhochland
von Flöth/Franger/G. Meister/H. Meister

In dieser pädagogischen Hilfe für Lehrer und Erzieher sind beispielsweise enthalten: Informationen, wie Kinder in Peru leben. Hilfen, wie man mit den Kindern über die Dritte Welt spricht. Lieder, Tänze, Geschichten, Poster, Dias, Fotokarten, Bilderbuch, Tonkassette . . .

Aus der Reihe: **Misereor** – Arbeitshefte
Herausgeber: siehe oben

„Indios in den Anden"
Leidenswege – Hoffnungswege

„Wege in die Verarmung"
Bolivien und Peru
Verschuldung – Rohstoffe – Großprojekte

Zu diesen Arbeitsheften gibt es auch Diareihen.

Auch wir können helfen – teilen.
Dies z. B. mit dem Erlös eines Kindergartenfestes.
Vielleicht hat auch unsere Kirchengemeinde eine Partnerschaft, in der wir tätig werden können.

Die Eltern müssen in so eine Arbeit miteinbezogen werden.

Gebete

Aus der braunen Erde
kommt unser täglich Brot.
Für Sonne, Wind und Regen
danken wir dir, o Gott.

Wir haben genug zu essen,
wir werden täglich satt,
hilf, daß wir den nicht vergessen,
der nichts zu essen hat.

*

Lieber Gott!
Gib denen Brot, die Hunger haben
und denen Hunger, die Brot haben.

Wir teilen

Text: Wilhelm Willms / Melodie: Wilhelm Keller
© bei den Autoren

Aus:
Sing, Sang, Song,
rororo Rotfuchs,
Reinbek 1976

2. Wir teilen Freude und Leid,
   wir teilen Bett und Kleid.
3. Wir teilen Hunger und Not,
   wir teilen Wasser und Brot.
4. Wir teilen das letzte Stück,
   wir teilen Trauer und Glück.
5. Wir teilen Erde und Meer,
   uns fällt das Teilen schwer.

Die Erde ist ein großer Tisch

Text: Rolf Krenzer/Melodie: Siegfried Fietz

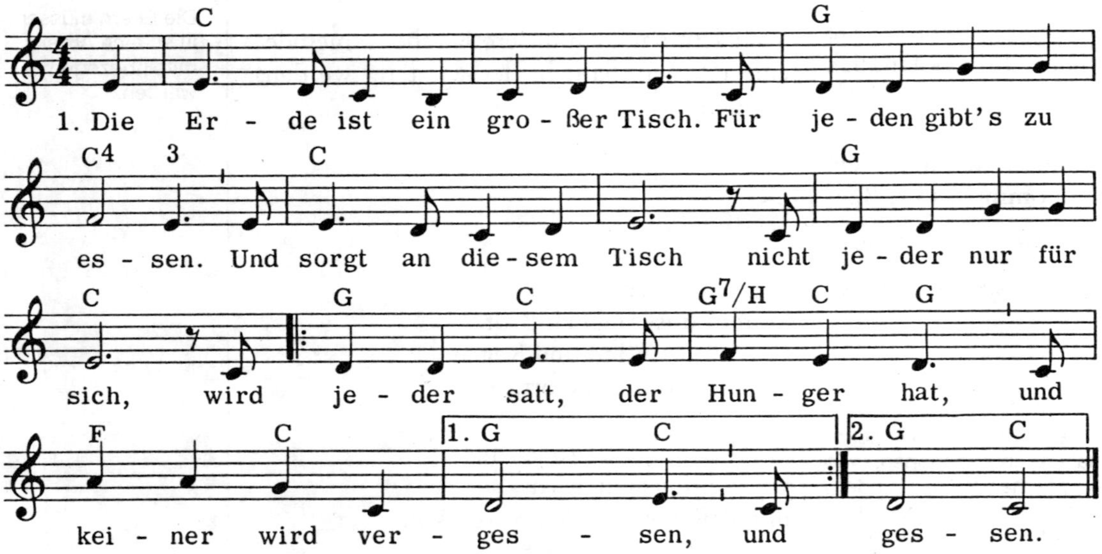

2. Die Erde ist ein großer Baum
mit vielen frischen Blättern.
Und hat in diesem Baum
ein jeder Luft und Raum,
kann man im Baum,
ihr glaubt es kaum,
noch immer höher klettern.

3. Die Erde ist ein großes Feld.
Es lädt uns ein zum Leben.
Wir sind in dieses Feld
von Gott hineingestellt,
daß alles treibt
und wächst und bleibt,
so wie es Gott gegeben.

4. Die Erde ist ein großes Boot.
Es treibt durch Sturm und Wellen.
Hilft einer in dem Boot
dem andern in der Not,
ja, dann sitzt Gott
mit uns im Boot.
Und es wird nicht zerschellen.

5. Den Tisch, den Baum, das Feld, das Boot
hat Gott uns übergeben.
Wenn jeder etwas rückt,
den andern nicht erdrückt
und nimmt und gibt
und teilt und liebt,
dann kann ein jeder leben.

Darstellungsvorschläge:
1 Strophe: Wir deuten einen Tisch im Kreis an und bieten uns gegenseitig etwas zu essen an.
2. Strophe: Drei stellen einen mächtigen Baumstamm dar, weitere Spieler Äste, Zweige und viele Blätter, die sich alle aneinander festhalten.
3. Strophe: Wir liegen auf der Erde. Einer sät das Korn aus. Langsam erheben wir uns, wachsen immer weiter, bis wir ein reifes Kornfeld darstellen, das sich im Wind leicht hin und her bewegt.
4. Strophe: Mit gespreizten Beinen setzen wir uns in einer Reihe hintereinander und bilden so ein Boot, das durch das Wasser fährt. Unsere Arme gebrauchen wir als Ruder.
5. Strophe: Wir halten uns an den Händen oder legen uns die Arme einander um die Schultern. Zum Schluß wenden wir uns unseren Nachbarn links und rechts zu, reichen ihnen die Hand, blicken ihnen in die Augen. Wir können sie auch einmal fest drücken.

Anmerkungen
Eigene Ideen
Notizen

Aus:
MC „Die Erde ist ein großer Tisch."

Entnommen aus:
Rolf Krenzer, „Deine Welt ist meine Welt", Verlag Herder

Unsere Nahrung

Gespräche

Ausgang

Einladung

Rollenspiel

Rezepte

Bilderbücher/Vorlesebücher/Sachbücher

Geschichten

Licht und Wärme im Frühling

Gespräche

Ausgang

Wachsen beobachten

Bilderbücher/Sachbücher

Reime

Rätsel

Geschichte

Märchen

Die vier Jahreszeiten

Gespräche

Ausgang

Musik hören

Bilderbücher/Vorlesebücher

Sachbücher

Geschichten

Reime

Rätsel

Fingerspiele

Lieder

Tanz

Manuelles Gestalten

Spiele

Rhythmik

Religiöse Erziehung

Fingerspiele

Lieder

Singspiel

Kreisspiel

Manuelles Gestalten

Rhythmik

Religiöse Erziehung

Reime

Rätsel/Zungenbrecher

Fingerspiele

Lieder

Singspiel/Kreisspiele

Spiel

Manuelles Gestalten

Religiöse Erziehung